NUOVE IDEE DI
PATCHWORK
SENZA AGO

Mariolina Gasparini

NUOVE IDEE DI PATCHWORK SENZA AGO

DVE ITALIA S.P.A. – MILANO

Nonostante la massima cura posta nella redazione di quest'opera, né l'editore né l'autrice possono assumersi alcuna responsabilità per le informazioni fornite nel testo. Si consiglia, in caso di problemi specifici – spesso unici – di ogni singolo lettore, di consultarsi con persona qualificata per ottenere le informazioni più complete, più precise e più aggiornate possibili.

Progetto grafico della copertina: Design Simona Peloggio – Bergamo

Foto di Marco Giberti

Disegni a cura dell'autrice

Se desiderate ricevere il nostro catalogo ed essere informati sulle nostre nuove pubblicazioni scriveteci al seguente indirizzo:

DVE ITALIA S.p.A.
20124 Milano – Via Vittor Pisani, 16

Introduzione

Una sagoma di polistirolo, qualche avanzo di stoffa, alcune semplici nozioni per imparare e, naturalmente, tanta voglia di "creare". Così, pezzetto dopo pezzetto, accostando i più diversi tessuti, colori e fantasie, ecco che prendono vita innumerevoli oggetti per decorare e abbellire la casa in ogni occasione: scatole e cornici, ghirlande e pendenti, quadretti e arazzi, orologi e vassoi. Oggi, grazie a questa nuova tecnica, la lavorazione patchwork (dall'inglese: *patch* = toppa, pezzo di tessuto e *work* = lavoro) diventa accessibile a tutti. Non è, infatti, richiesta alcuna esperienza di cucito, non servono ago e filo per ricreare la magia di una composizione patchwork. Chiunque possieda fantasia e un poco di abilità manuale troverà in questo passatempo un ampio spazio espressivo.
Il materiale di base, oltre alla stoffa che è, ovviamente, fondamentale, è il polistirolo, con il quale vengono realizzati i supporti nelle più diverse forme e dimensioni; questi supporti sono facilmente reperibili in commercio, nei colorifici, nei centri per il bricolage oppure nelle mercerie specializzate, e poiché non sono particolarmente dispendiosi sono alla portata di tutti.
Il motivo del successo dilagante di questo tipo di decorazione è proprio la felice combinazione che unisce, in un lavoro che è già in se stesso piacevole e gratificante, la semplicità dell'esecuzione alla poca spesa e alla soddisfazione che si ricava nel creare con le proprie mani oggetti utili e veramente belli.
L'obiettivo principale di questo libro è quello di fornire una facile guida all'apprendimento delle tecniche di lavorazione e, in secondo luogo, quello di offrire diversi spunti creativi, dai progetti più semplici a quelli più impegnativi. Ai principianti suggerisco di iniziare con l'acquisire la padronanza della tecnica e degli strumenti, partendo dalle forme più facili, prima di cimentarsi nella realizzazione di progetti più personali ed elaborati.
Spero vivamente di essere riuscita nell'intento e di aver così contribuito a risvegliare i vostri talenti nascosti o, meglio ancora, insospettati!

PATCHWORK E FORME DI POLISTIROLO

La tecnica

L'attrezzatura

Questa tecnica per fare patchwork utilizza appositi supporti di polistirolo reperibili presso mercerie specializzate e centri di bricolage. Chiunque possieda fantasia e abilità manuale può creare innumerevoli decorazioni variando gli abbinamenti di tessuti, ma praticamente senza usare ago e filo.
Per realizzare le creazioni l'attrezzatura base prevede:

- cutter;
- limetta da unghie di metallo;
- riga o squadra;
- matita morbida;
- pennarelli;
- spilli;
- colla vinilica;
- carta velina;
- forbicine a punta ricurva;
- taglierina a disco;
- spray fissativo.

Alcuni degli attrezzi impiegati per le crezioni con polistirolo: colla, spray fissativo, colla per tessuti, limetta da unghie, forbici, cutter, pennarelli, matita e taglierina a disco

I tessuti

Solitamente sono sufficienti ritagli di stoffa di 15-20 cm, tagliati preferibilmente con una taglierina a disco. Non conviene utilizzare troppe varianti di colore nell'abbinamento dei tessuti, perché la composizione potrebbe risultare confusa. Cerca di accostare tessuti ben coordinati tra loro. Se utilizzi più stoffe con differenti colori dovrà sempre esserci un colore "calamita" (cioè che raggruppi in sé tutte le tonalità usate). Usa fantasie minute, di tipo americano con motivi floreali, quadrettati, country e natalizi. Anche gli zefir nazionali e le cotonine provenzali sono molto adatti.

Le forme di polistirolo

Come ho detto precedentemente, le forme di polistirolo si possono acquistare nelle mercerie e nei negozi di bricolage. Si possono reperire moltissimi soggetti, dalle forme più comuni, come palle, uova, coni, stelle e cuori, a quelle particolari, come animali, cornici, scatole e persino bassorilievi.

Inoltre puoi utilizzare per le tue creazioni materiali di recupero, come, per esempio, le anime delle pezze di tessuto, gli imballaggi degli elettrodomestici o anche le confezioni dei gelati e dei formaggi.
Per tagliare il polistirolo esistono seghetti elettrici, ma anche un coltello da cucina ben affilato può essere adatto (specialmente per il taglio di grandi superfici).

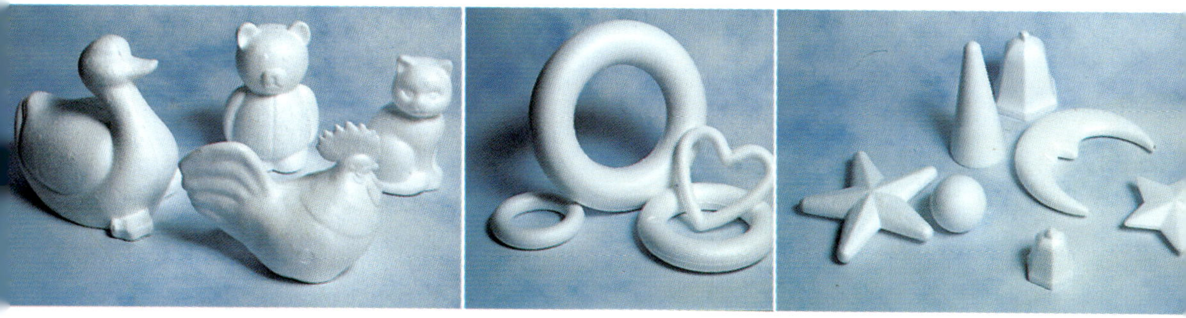

La tecnica a incisione

La sequenza fotografica illustra la tecnica impiegata per rivestire le forme di polistirolo praticando delle incisioni sulla loro superficie. Si tratta della tecnica base esemplificata integralmente che sarà poi ripresa in maniera più sbrigativa nella descrizione dei progetti.

1. Prendi una palla di polistirolo e disegna con un pennarello quattro spicchi.

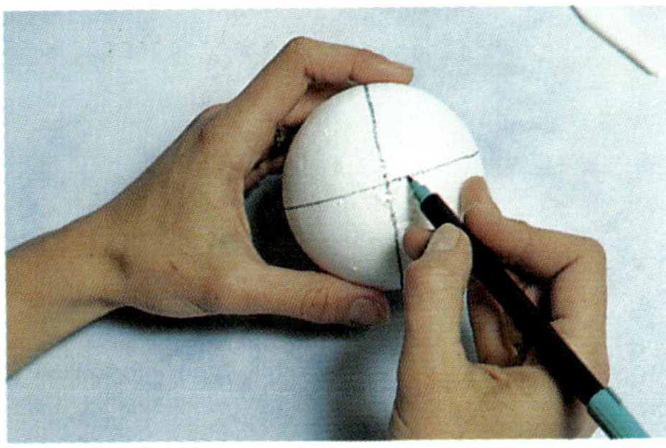

2. Seguendo le linee tracciate incidi il polistirolo con il cutter arrivando a una profondità di circa mezzo centimetro.

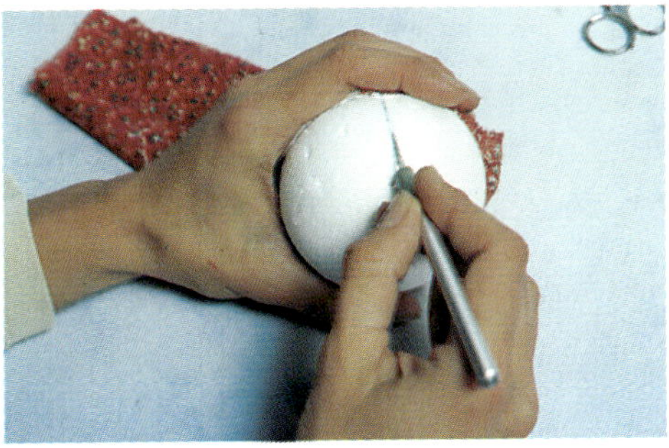

3. Con la lima da unghie inserisci il tessuto in una delle incisioni. Ricopri lo spicchio e infila la tela nel secondo taglio.

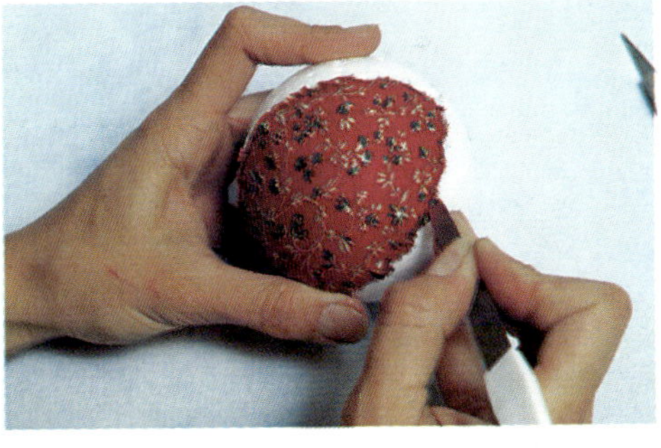

4. Elimina con le forbici il tessuto in eccesso.

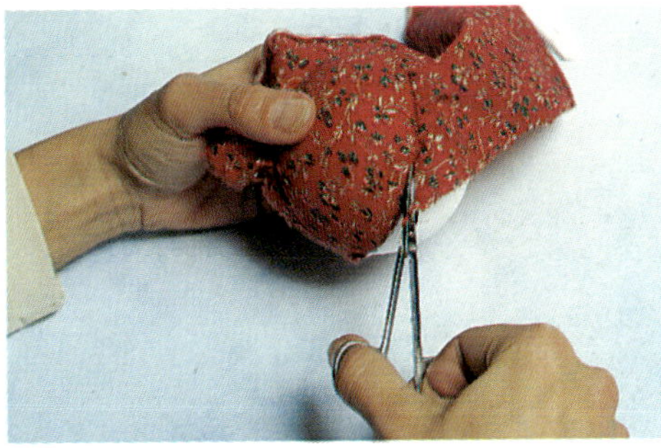

5. Infila definitivamente il tessuto e procedi con il secondo pezzo di stoffa. Ricopri in questo modo tutta la palla.

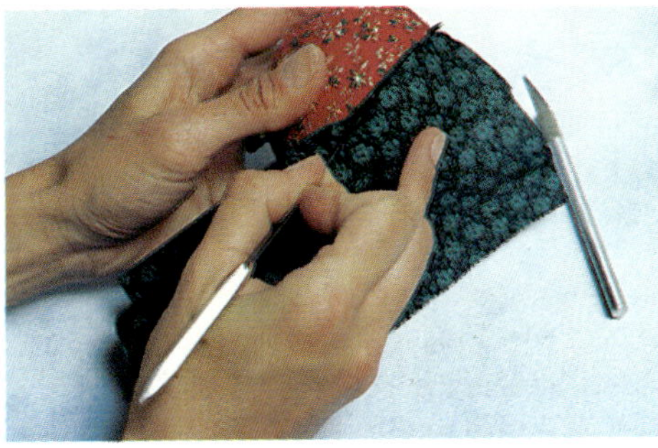

La tecnica a rilievo

Nella decorazione a rilievo delle forme di polistirolo vengono utilizzate toppe quadrate di tessuto e spilli. Questa tecnica verrà usata in particolare per le decorazioni natalizie.

1. Taglia strisce di tessuto larghe 6 cm e ricavane dei quadratini.
2. Piega a metà ogni quadratino e poi ripiega due vertici in modo da ottenere un triangolo rettangolo.

3. Usando matita e metro da sarto segna i due poli di una palla di polistirolo e due circonferenze ortogonali dividendola in quattro spicchi uguali.

4. Poni i primi quattro triangolini di uno stesso tessuto in prossimità di uno dei due poli facendoli coincidere con gli spicchi. Fissali con uno spillo per ogni angolo.

5. Aggiungi otto triangolini per ottenere il secondo giro.

6. Per il terzo giro usa altri otto triangolini con il tessuto del primo giro, disponendo le toppe sopra e tra quelle del giro precedente. Continua a lavorare in questo modo fino alla circonferenza maggiore.
7. Rivesti anche l'altra metà della palla.

I PROGETTI

Le uova

Ideali per realizzare decorazioni pasquali o come piccolo dono d'augurio, possono addirittura diventare preziose, come se fossero di Fabergé, se le rivesti con tessuti dorati, fantasie importanti e ricche guarnizioni.

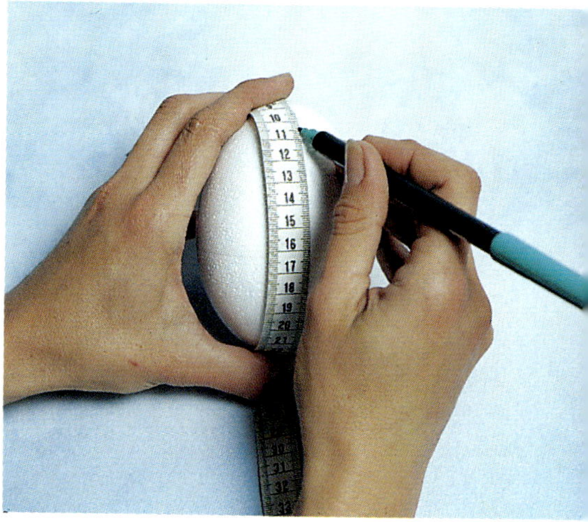

1. Su un uovo di polistirolo disegna quattro spicchi, usando un metro da sarto per tracciare le linee.
2. Seguendo le linee incidi il polistirolo.
3. Posiziona il tessuto in sbieco e inseriscilo in una delle incisioni con una limetta da unghie. Prosegui usando la tecnica precedentemente descritta.

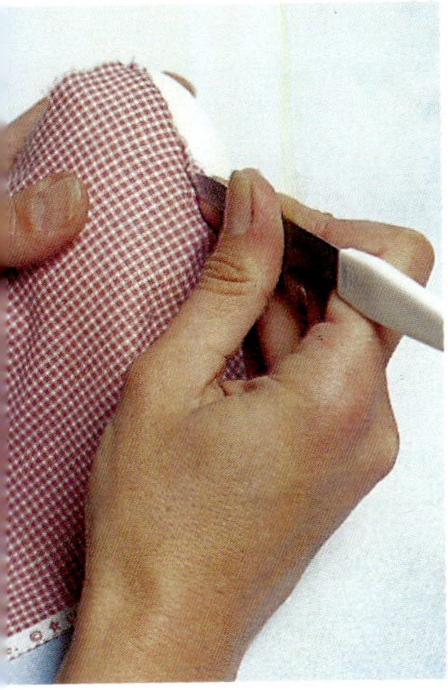

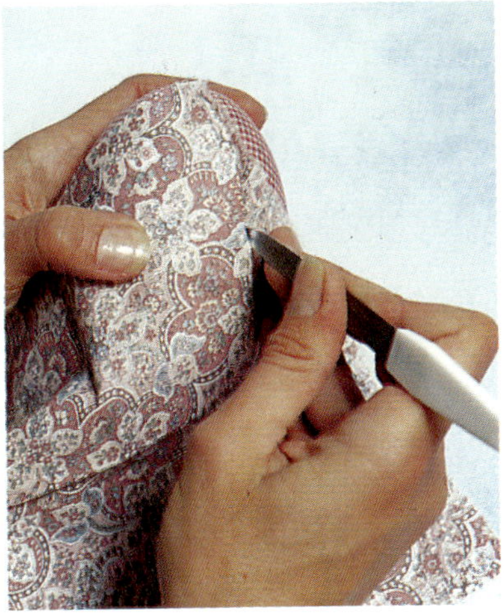

4. Rivesti anche le altre due uova.

5. Abbellisci le uova con pizzi, nastri o con tutto ciò che il tuo gusto ti suggerisce, fissandoli con una goccia di colla per tessuti.

6. Taglia un nastrino di raso lungo 20 cm, piegalo a metà, fissa i capi liberi del nastrino all'uovo con uno spillo e colla per tessuti in modo da poterle appendere. Se preferisci puoi disporre le uova in un cestino.

Le campanelle

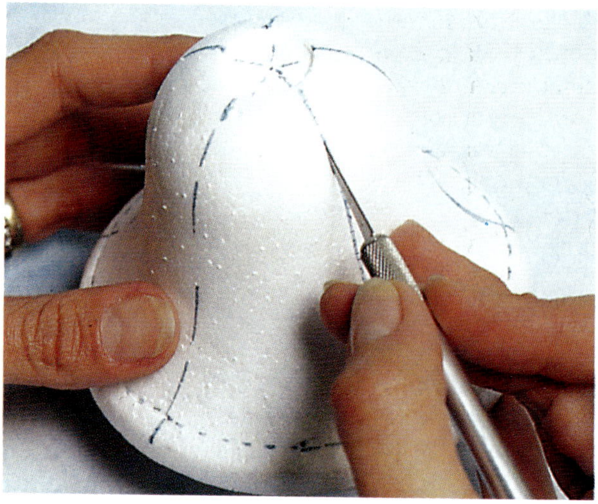

Le campanelle possono essere utilizzate per creare decorazioni pasquali o natalizie. Io le trovo molto belle se usate come pendenti per la culla o la cameretta di un neonato.

1. Usando un metro da sarto, dividi la campanella in cinque spicchi e delimita la circonferenza del bordo.
2. Incidi le linee tracciate con il cutter e comincia a ricoprire la campana.

3. Per rivestire il bordo della campanella taglia una striscia di tessuto in sbieco larga almeno 6 cm e lunga 40 cm circa.
4. Incidi verticalmente anche l'interno del bordo.

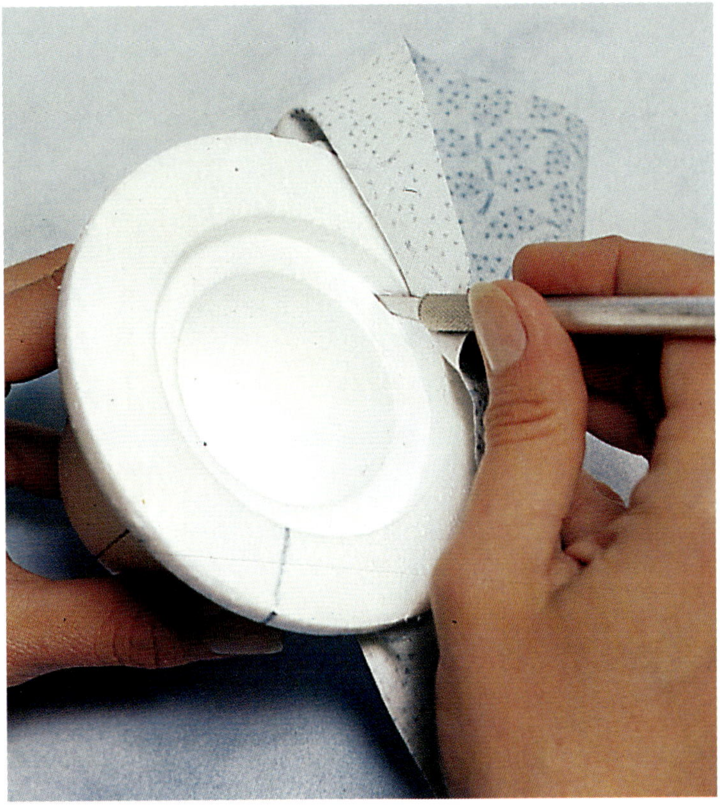

5. Ricopri il bordo con il tessuto, inserendo la striscia prima nell'incisione esterna, poi in quella interna.

6. Ricopri con una striscia di stoffa anche lo spigolo più interno della campanella. Poi fissa il tessuto con qualche spillo o con qualche goccia di colla.
7. Guarnisci con passamaneria.
8. Se vuoi appendere la tua campanella, fora la sua sommità, infila un ago da lana con cotone da ricamo, attraversa il foro e forma l'occhiello. All'estremità opposta annoda un piccolo sonaglio.

La giostra di cuoricini

La ghirlanda, di solito usata per le decorazioni natalizie, combinata con altre forme (palline, cuoricini, cubi ecc.) può diventare un divertente oggetto decorativo.

1. Disegna su un foglio di carta due righe perpendicolari tra loro. Posiziona la ghirlanda facendo coincidere il suo centro con l'incrocio delle righe. Prolunga le righe sulla ghirlanda. Ruota la ghirlanda di 45° e traccia altre quattro linee. Avrai così diviso la ghirlanda in otto segmenti.

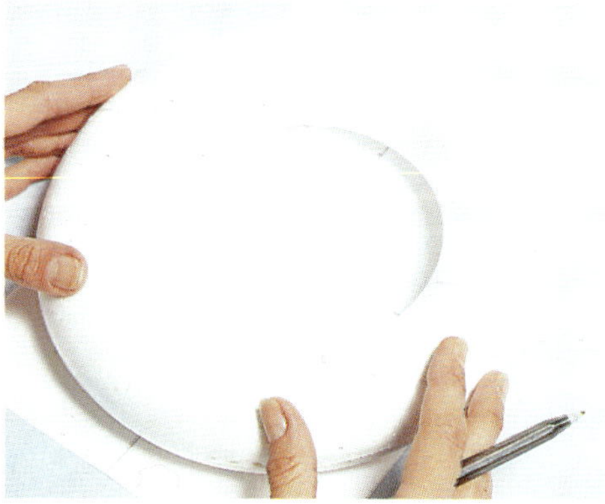

2. Incidi lungo le linee tracciate; ripeti l'operazione per il perimetro interno ed esterno.
3. Scegli quattro tessuti fantasia nei colori: rosa, azzurro, giallo, verde.
4. Inserisci i tessuti alternando i colori.
5. Rivesti tutta la ghirlanda.
6. A parte rivesti otto cuoricini piccoli e uno grande.

7. Fora da parte a parte i cuoricini (utilizza per questa operazione un ago da tappezziere) inserendovi nastrini di raso lunghi circa 35 cm. All'estremità inferiore annoda un sonaglietto. Fissa l'altra estremità alla ghirlanda, tra un segmento e l'altro, con uno spillo.

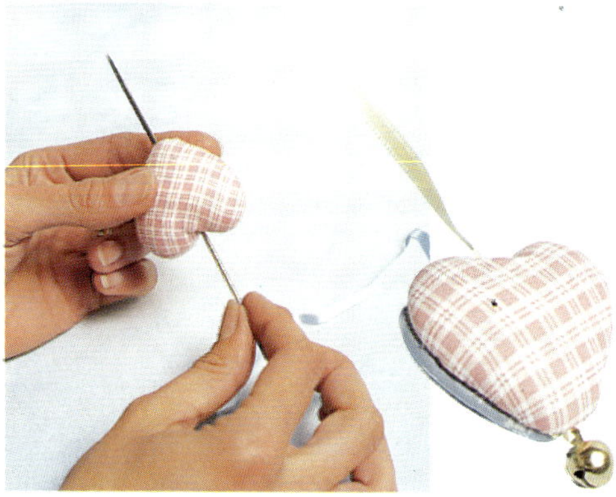

8. Taglia quattro pezzi di nastro lunghi 55 cm, fissa i capi di ognuno in due punti diametralmente opposti sulla ghirlanda, nascondendo spilli e unioni con un fiocchetto.

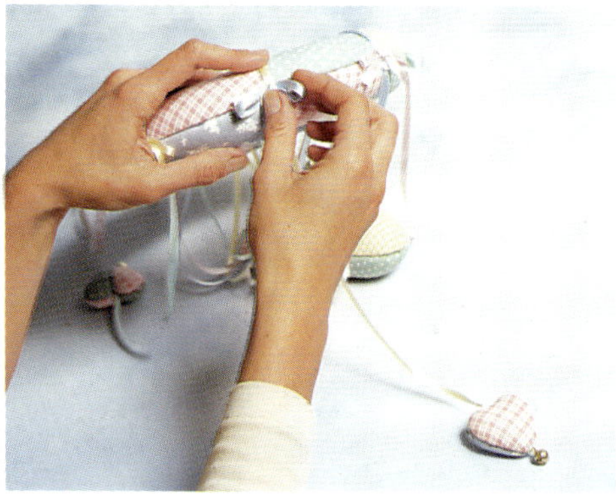

9. Appendi il cuore più grande al centro della giostra con un nastrino lungo circa 60 cm. Forma l'occhiello per appendere la giostra e con un nodo blocca tutti i nastri.

La ghirlanda a forma di cuore

Ideale per festeggiare la nascita di un bimbo, la ghirlanda presentata in queste pagine è stata rivestita con tessuti fantasia in diverse tonalità di azzurro.

1. Disegna sulla ghirlanda le linee d'incisione.

2. Rivestila con fantasie coordinate a tuo piacere.
3. Rivesti un cuoricino e appendilo alla punta della ghirlanda nello stesso modo in cui hai appeso i cuoricini della giostra precedente.
4. Prepara un fiocco di tessuto.
5. Con del nastrino di raso doppio forma un occhiello lungo 20 cm.
6. Incolla il fiocco al nastrino, poi fissa il tutto alla ghirlanda con colla e spilli.
7. Per preparare le scarpine utilizza il modello della tomaia e della suola riportato in questa pagina. Cuci le due parti della tomaia davanti e dietro (punta e tallone), poi unisci la suola ponendo diritto contro diritto. Rifinisci i bordi con uno sbieco in tinta. Allaccia due pezzetti di mouliné a guisa di stringhe.
8. Fissa le scarpine alla ghirlanda con un fiocchetto e qualche goccia di colla.

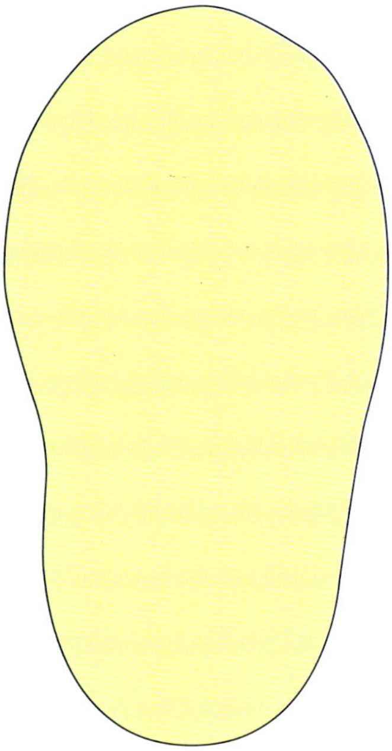

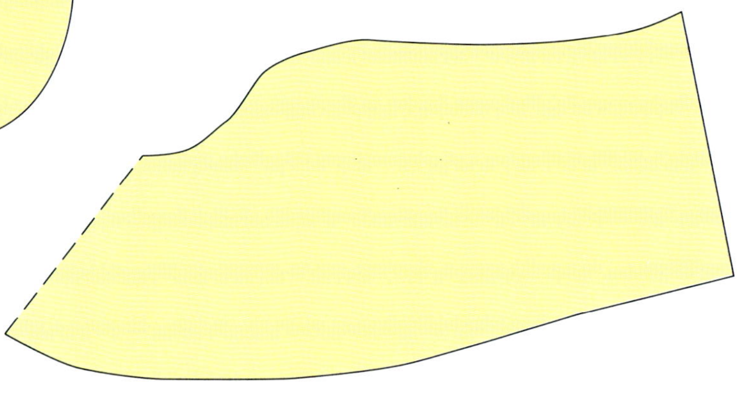

L'orologio "a sfaccettature"

Puoi realizzare moltissime creazioni anche utilizzando un semplice foglio di polistirolo.

1. Taglia un quadrato di polistirolo con spessore di 3 cm e lato di 35 cm.
2. Disegna sul quadrante le linee d'incisione, basandoti sulla fotografia.

3. Rivesti il polistirolo disponendo i tessuti come mostra la fotografia.
4. Rinforza i bordi con del cartoncino. Ritaglia quattro strisce, larghe 4 cm e lunghe 35 cm. Piegale nel senso della lunghezza, lasciando 1 cm prima della piegatura. Taglia gli angoli e incolla una striscia per lato.

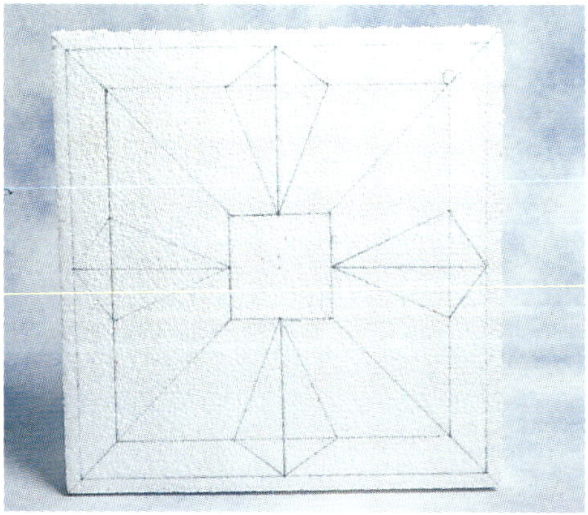

5. Dopo aver inciso il retro dell'orologio, lungo il suo perimetro, rivesti anche i bordi con il tessuto.
6. Sul retro, al centro del quadrato, incassa il meccanismo dell'orologio.

Il vassoio *Grandmother's flower garden*

Questo vassoio riprende un classico motivo patchwork detto *Grandmother's flower garden*, cioè il giardino fiorito della nonna.
Le dimensioni del vassoio sono 40 x 58 cm.
L'esagono base ha il lato di 3,25 cm.
Utilizza la sagoma e, aiutandoti con la fotografia, segna le linee di incisione su una tavola di polistirolo.
Abbinando tessuti coordinati, l'effetto finale sarà molto armonioso.
La decorazione è protetta da una lastra di vetro, mentre il polistirolo è incassato in un supporto di legno; il tutto è bloccato da una cornice sempre di legno.

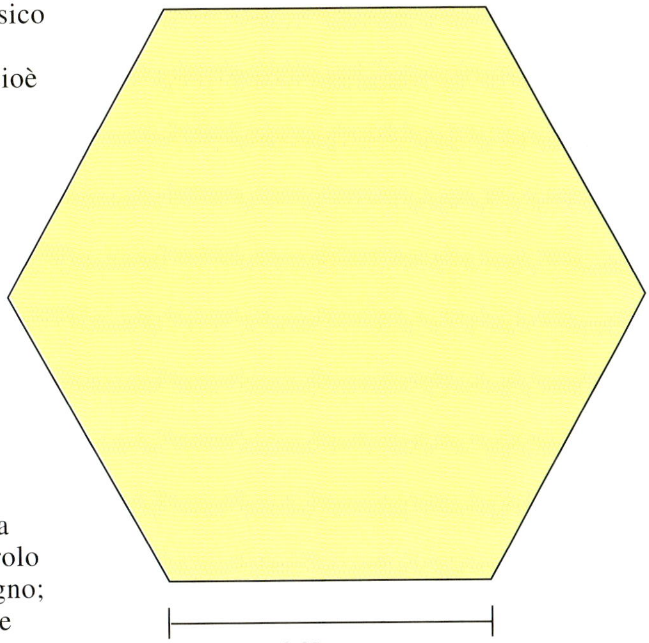

3,25 cm

La bambola

La bambola è un'altra delle innumerevoli sagome disponibili oggi in commercio. La sua preparazione va seguita con molta cura e delicatezza poiché alcune sue parti, come la testa e le gambe, sono molto fragili. In effetti sarebbe preferibile staccarle completamente, prima di iniziare il rivestimento: in questo modo il lavoro sarà più semplice e molto più pratico; in seguito, terminato il rivestimento della sagoma, fisserai testa e gambe al corpo con la colla vinilica. Per tenere i pezzi in posizione, mentre asciuga la colla, usa alcuni spilli.

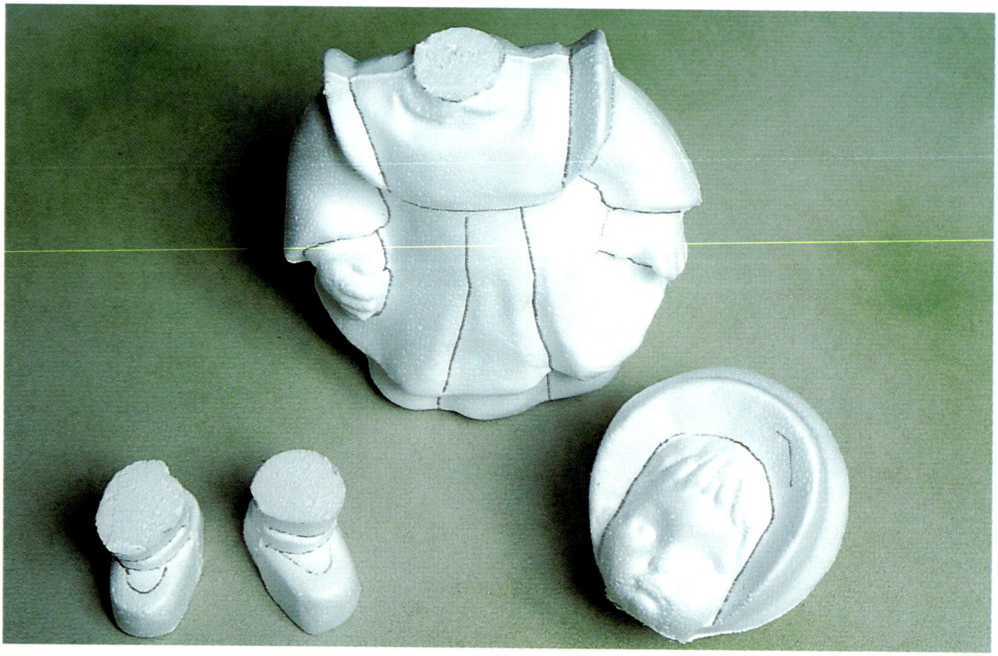

1. Procurati qualche pezzetto di tessuto elasticizzato color carne per viso, mani e gambe (possono essere utili anche un paio di calze collant da donna).
2. Disegna le linee principali, quelle che delimiteranno le diverse stoffe, per poi inciderle.
3. Inserisci il tessuto elasticizzato tendendolo bene.

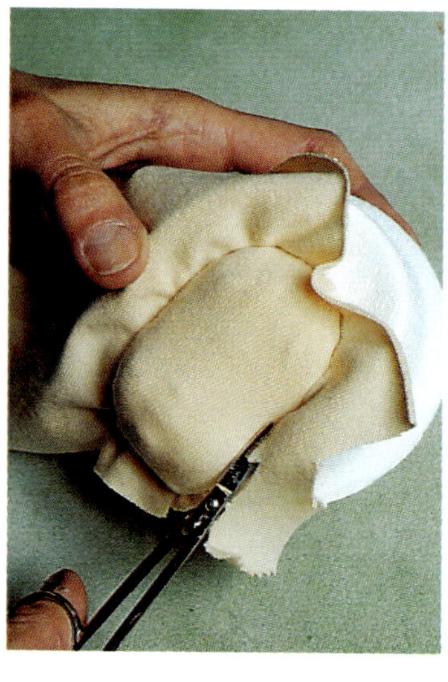

4. Utilizza alcuni fili di lana per i capelli, che inserirai nell'incisione tra viso e copricapo.
5. Rivesti con le stoffe prescelte l'intera sagoma.
6. Qualche avanzo di pizzo completerà l'abbigliamento della tua bambola.
7. Gli occhi e i bottoncini delle scarpe sono capocchie di spilli colorate.
La bocca e le guance sono colorate a matita.

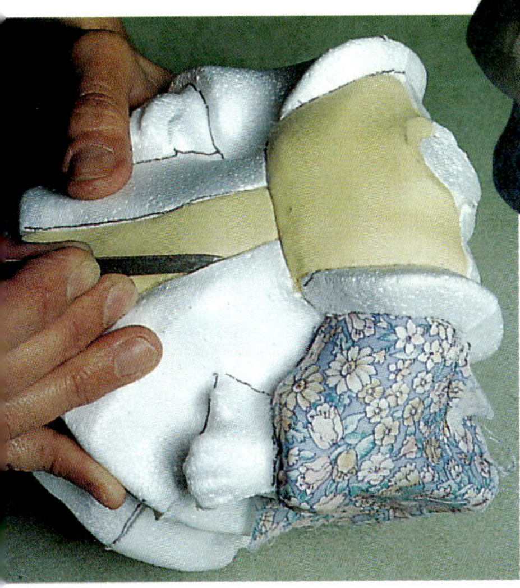

Le piantine grasse

Con alcune uova di polistirolo, qualche vasetto di coccio e un po' di pazienza potrai realizzare cactus molto originali e decorativi, facendo attenzione però, perché pungono come quelli veri!

1. Incidi il primo uovo dividendolo in quattro parti e rivesti le quattro parti con il tessuto verde prescelto.
2. Ripeti il punto 1 per preparare altre tre uova.
3. Incolla le uova una sull'altra, con la colla a caldo o, se preferisci, con l'attaccatutto.
4. Inserisci e incolla il tutto nel vasetto. A questo punto inizia la preparazione delle spine, la parte forse più lunga di tutta la decorazione.
5. Taglia a metà degli stuzzicadenti, pratica un taglio obliquo così da rendere più facile il loro inserimento nel polistirolo. Fissa le spine ottenute nei tagli usando anche una goccia di attaccatutto.
Potrai variare l'aspetto delle tue piantine grasse cambiando le dimensioni delle forme di polistirolo, così come ho fatto io. Realizzane diverse e vedrai il loro effetto decorativo sulle mensole in cucina o sul davanzale della finestra!

La mongolfiera

La mongolfiera è realizzata con una grossa palla di polistirolo e un cestino di vimini, opportunamente trasformati a imitazione del leggendario mezzo di volo, molto in voga all'inizio del nostro secolo.

1. Procurati del cartoncino leggero tipo Bristol e ricavane un rettangolo di 24 x 7 cm; ritaglia un rettangolo di tela da legatoria di 28 x 11 cm.

2. Incolla il cartoncino sulla tela con colla vinilica diluita con acqua (4 parti di colla per una d'acqua) e rivolta l'eccedenza della tela.

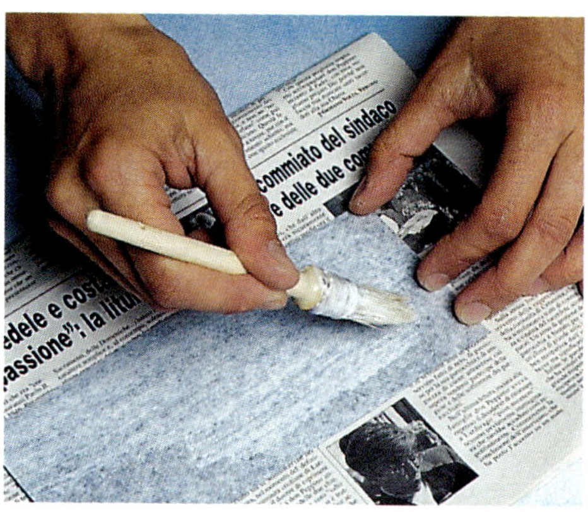

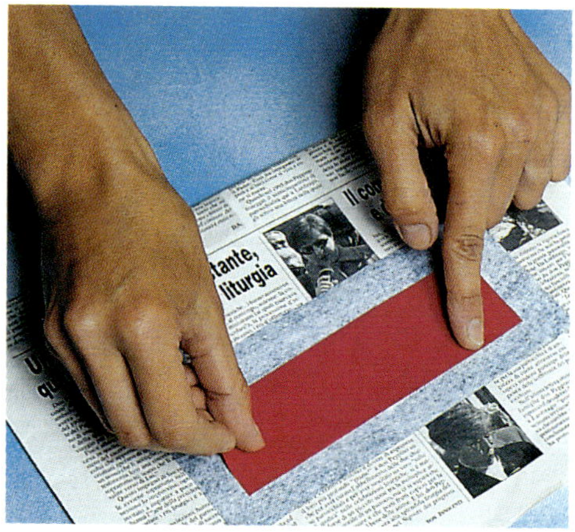

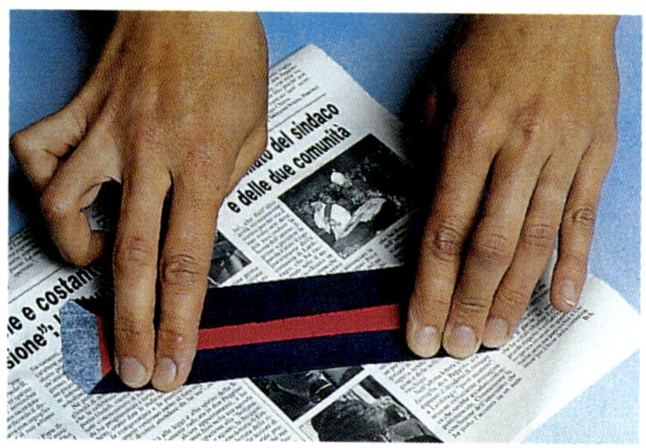

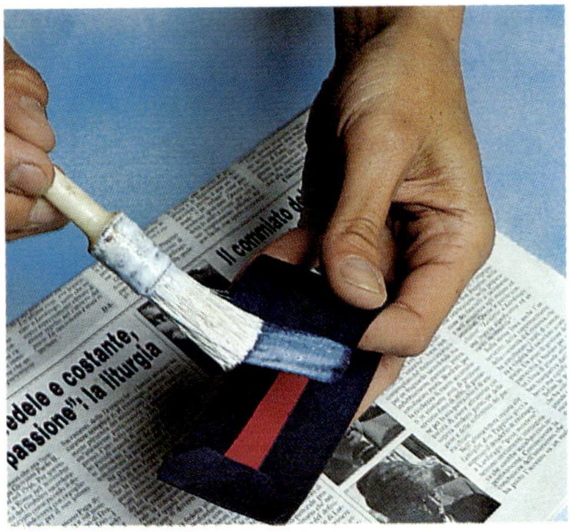

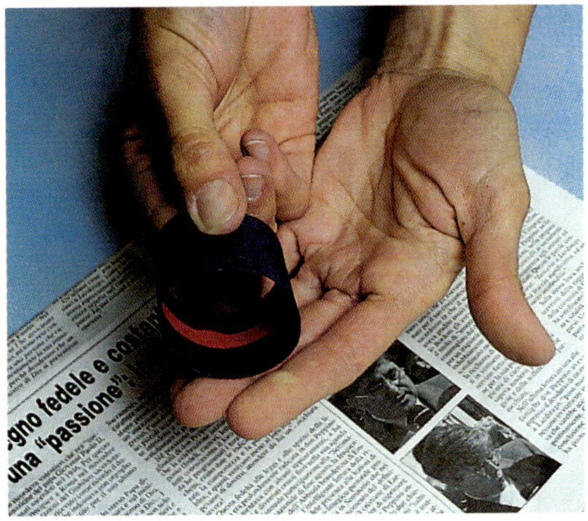

3. Sovrapponi i due lati corti del cartoncino rivestito per ottenere un tubo: usa la colla vinilica per incollare le due estremità, fissandole in posizione con due graffette finché la colla non è asciutta.

4. Traccia sulla palla di polistirolo un disegno decorativo geometrico, che preveda un cerchio sul polo inferiore (largo quanto il diametro del tubo di cartone) e due linee parallele tutt'attorno alla circonferenza orizzontale.

5. Incidi le tracce con un cutter e comincia a rivestire la palla con i tessuti scelti.

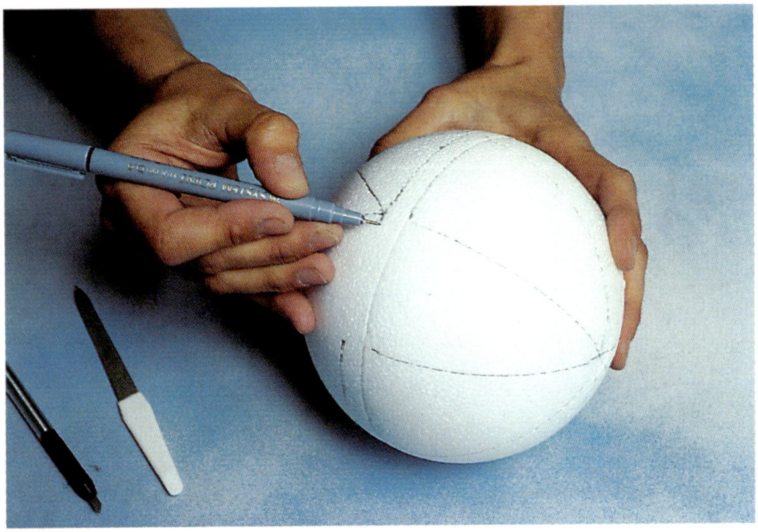

6. Inserisci il tubo di cartone rivestito in corrispondenza del cerchio appositamente realizzato, fissandolo con poca colla.

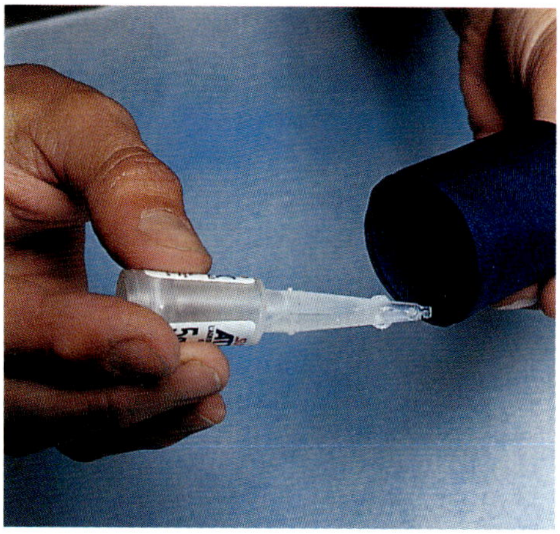

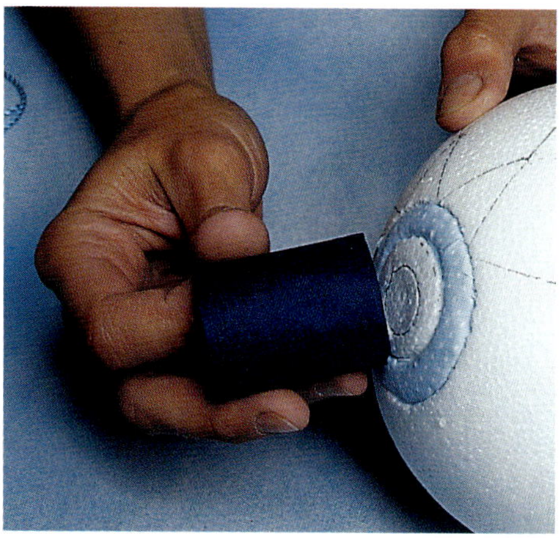

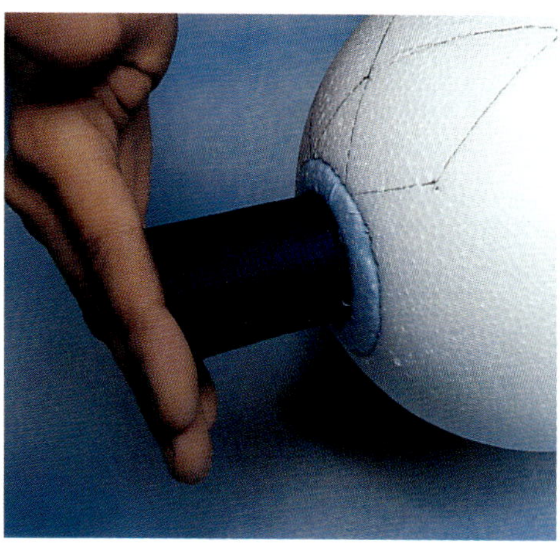

7. Incolla presso il bordo inferiore del tubo due giri di cordoncino di raso e decoralo con due cuoricini, ricavati da uno dei tessuti scelti per il rivestimento.

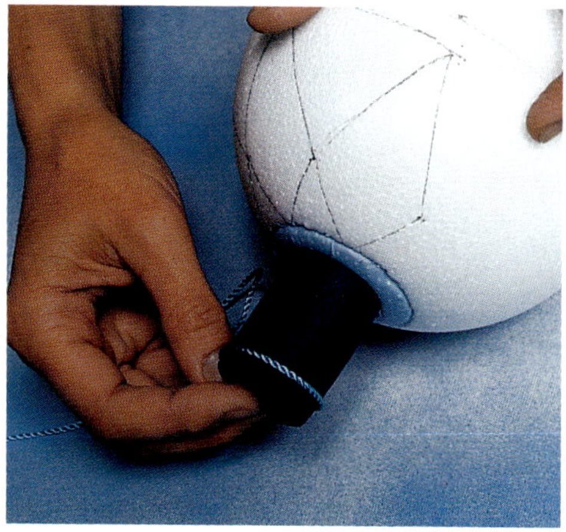

8. Termina di rivestire la palla, poi prepara quattro pezzi di cordoncino di cotone écru lunghi 25 cm: fissa con spilli e colla per tessuti una estremità di ciascuno in quattro punti equidistanti lungo una delle linee già tracciate sulla circonferenza della palla: serviranno per sostenere il cestino.

9. Incolla due pezzi di cordoncino écru in corrispondenza delle due linee parallele sulla circonferenza.

10. Prendi un cestino di circa 10 cm di diametro e 10 cm d'altezza; prepara una striscia di tessuto larga almeno 10 cm e abbastanza lunga da poter bordare il cestino: attorcigliala su se stessa e fissala sul bordo del cestino con un cordoncino di raso.

11. Prendi ora del lino écru, taglia quattro rettangoli lunghi 15 cm e larghi 6 cm.

Piegali a metà nel senso della larghezza e poi cuci i due lati lunghi così da formare quattro sacchettini. Rivoltali al diritto, imbottiscili con un po' di ovatta e chiudili con dello spago unendoli a due a due. Infine legali sul bordo del cestino, a imitazione della zavorra.

12. Lega i quattro cordoni di cotone già fissati alla palla (vedi punto 8) in quattro punti equidistanti sul bordo del cestino.

13. Per realizzare l'ancora, taglia un pezzo di fil di ferro da fiorista lungo circa 30 cm, piegalo a metà e attorciglialo su se stesso con l'aiuto di una pinza.

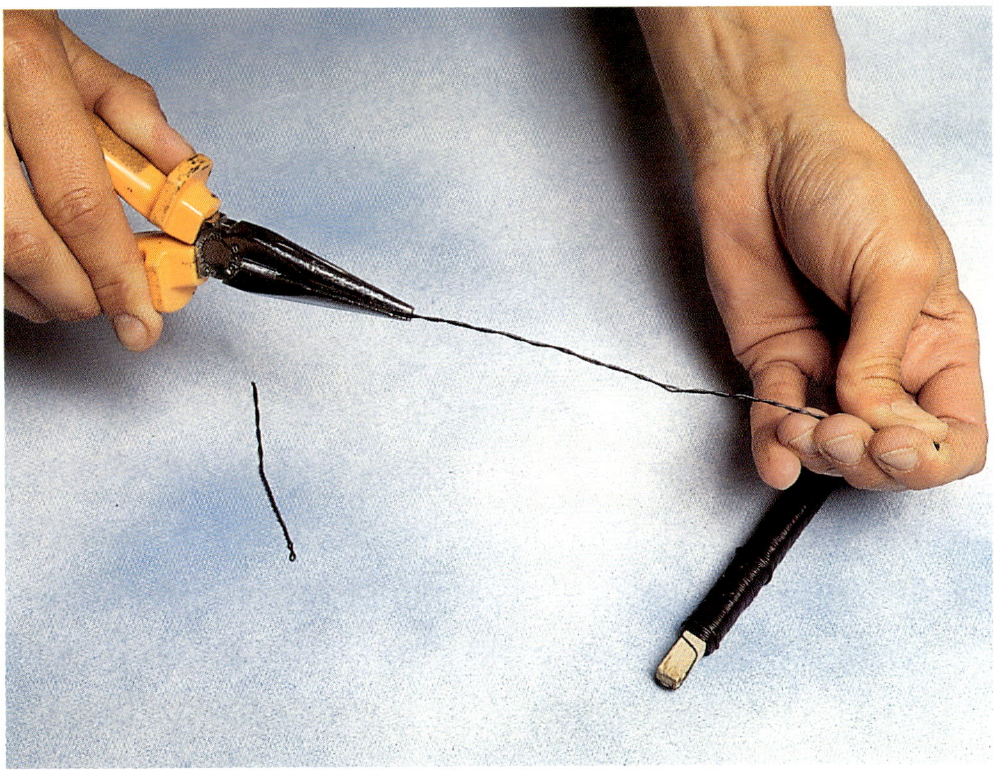

14. Tagliane via un pezzetto lungo circa 8 cm; piega di nuovo a metà la parte restante, per formare un anello: accostale il pezzo di 8 cm già tagliato e fissa strettamente il tutto con filo semplice.

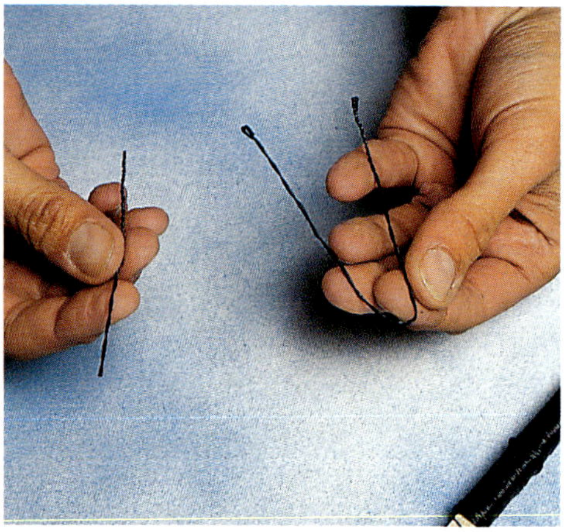

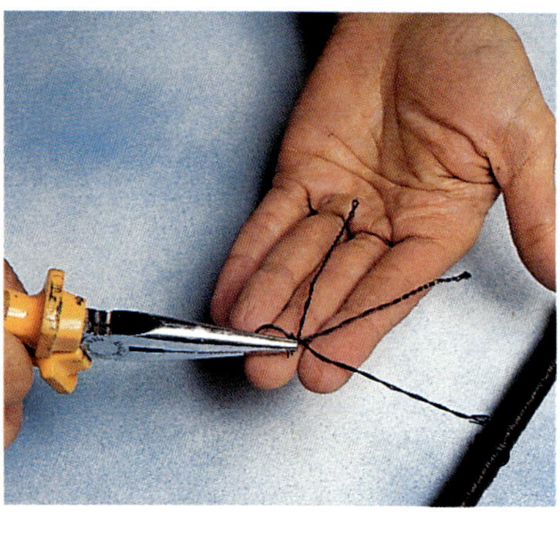

15. Divarica i tre segmenti curvando le estremità libere a imitazione della forma di un'ancora. Lega l'ancora al cestino con il cordone di cotone.

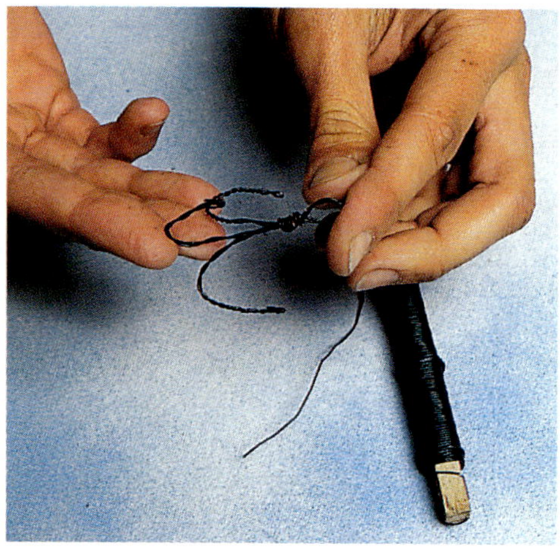

16. Per realizzare la bandierina prepara un occhiello di cordone di cotone (servirà anche per appendere la mongolfiera) e taglia un pezzetto di nastro con anima di metallo lungo 15 cm: arrotola e incolla una delle due estremità del nastro attorno all'occhiello di cordone; taglia invece l'altra a coda di rondine.
Fissa l'occhiello e la bandierina così realizzati al polo superiore della palla con spilli e qualche goccia di colla per tessuti.

LA FRUTTA

Il cesto di frutta descritto in queste pagine è semplice da realizzare ma di grande effetto decorativo. Utilizza palle di polistirolo con diametro di 5 e 8 cm, piccole uova e piccoli cuori. Io ho preferito usare tessuti di cotone in tinta unita ma ciò non è determinante, poiché è una questione di gusto ed è quindi molto soggettiva. Minuscoli rametti, qualche chiodo di garofano, filo di ferro da fiorista e un po' di colla completano l'occorrente per realizzare questo splendido cesto.

Le albicocche

1. Prendi una palla di 5 cm di diametro. Traccia la circonferenza maggiore e incidila con il cutter.

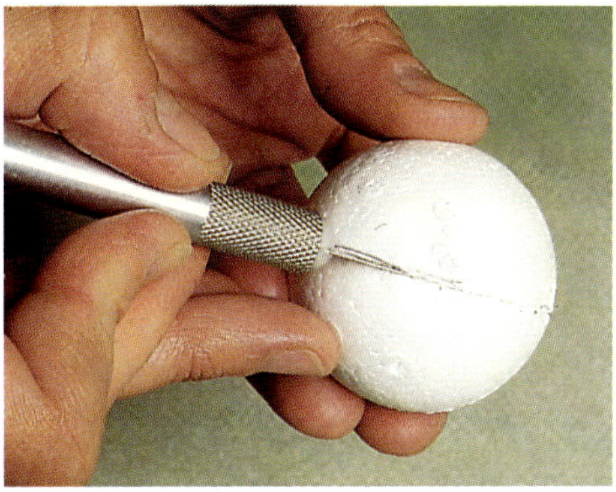

2. Scava un poco, sempre con il cutter, entrambi i poli della palla. Appoggia il tessuto in sbieco e rivesti le due metà così ottenute.

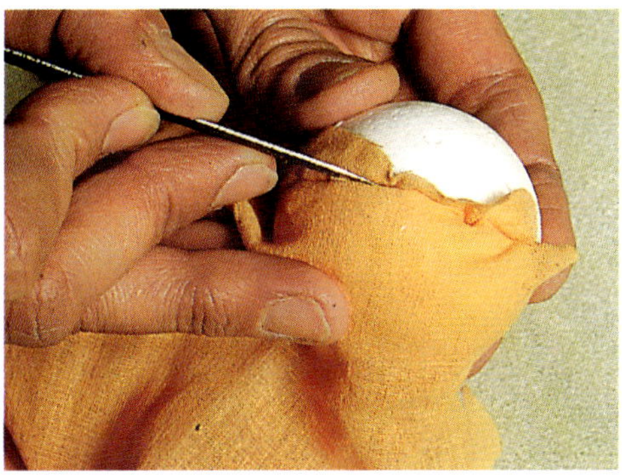

3. Per rendere più realistiche le tue albicocche, disegna e ritaglia le foglie da un pezzo di tessuto verde.

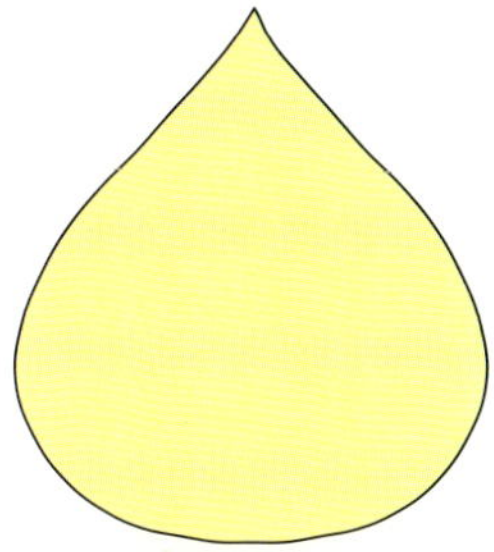

4. Taglia due volte il modello per ogni foglia.
Poi incollale a due a due, posizionando tra i due strati un pezzetto di fil di ferro per fioristi e lasciandone sporgere un tratto. Usa sempre colla per tessuti. Infine fissa la foglia al frutto, infilando il fil di ferro nel polistirolo.

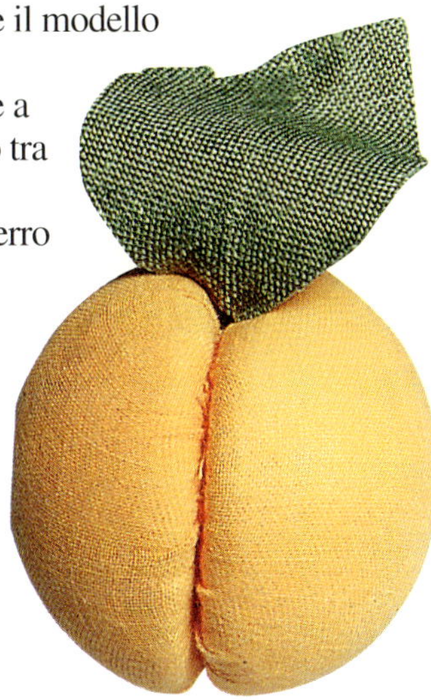

Le susine

1. Incidi un ovetto di polistirolo a metà, in senso verticale.
2. Rivesti le due sezioni con il tessuto.
3. Ho ottenuto i piccioli utilizzando quelli di due mele vere.

L'arancia

1. Utilizza una palla con un diametro di 8 cm. Per imitare la caratteristica buccia dell'arancia, usa la punta di una matita e punteggia la superficie della palla esercitando una leggera pressione.
2. Ora dividi la palla in quattro spicchi incidendola con il cutter.
3. Rivesti le quattro sezioni ottenute con un tessuto leggero, tipo garza, per rendere più visibili le depressioni provocate a matita.
4. Per realizzare la mezza arancia, devi dividere la palla a metà. Per il taglio del polistirolo esistono in commercio apposite taglierine elettriche, o, più semplicemente, puoi usare un coltello da cucina riscaldando la lama sul fornello.
5. Ripeti i punti 1, 2 e 3 per rivestire la superficie esterna.
6. Sulla sezione disegna, per poi inciderli, gli spicchi dell'arancia, prestando attenzione a non far coincidere i tagli con quelli superficiali eseguiti in precedenza, e rivesti questa parte con un tessuto arancione più scuro.

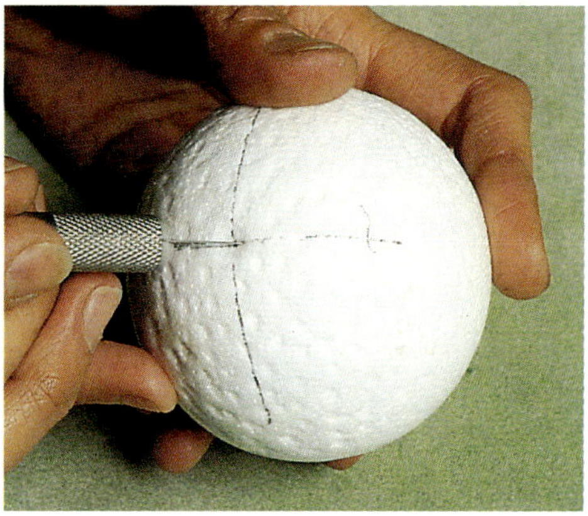

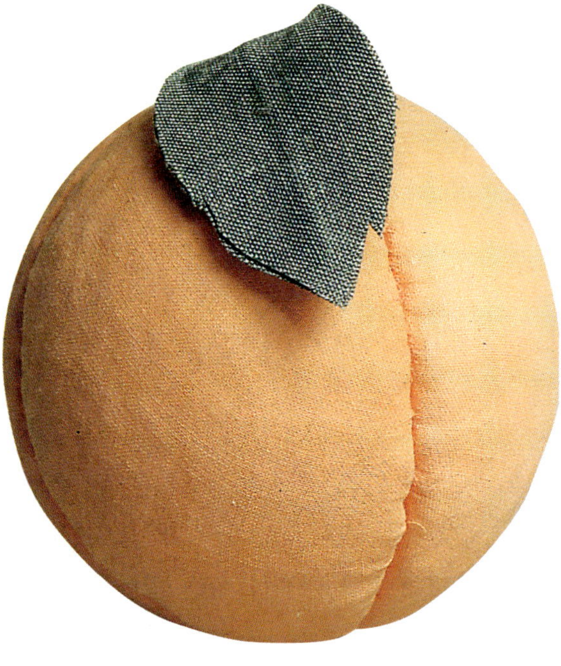

Le fragole

1. Prendi un cuoricino e incidilo a metà in senso verticale. Poi esegui altre due brevi incisioni perpendicolari alla prima, come illustra la sequenza fotografica.

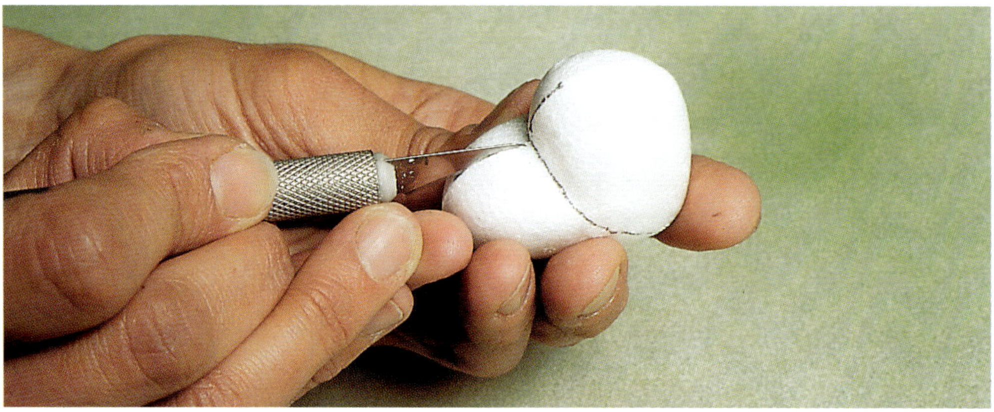

2. Rivesti le due metà, ricordandoti di posizionare il tessuto in sbieco per farlo aderire meglio sulla superficie del cuoricino.
3. Con un pennarello bianco a punta grossa punteggia la superficie della fragola.

4. A parte prepara alcune foglioline di tessuto verde. Inseriscile tra le due incisioni in alto.

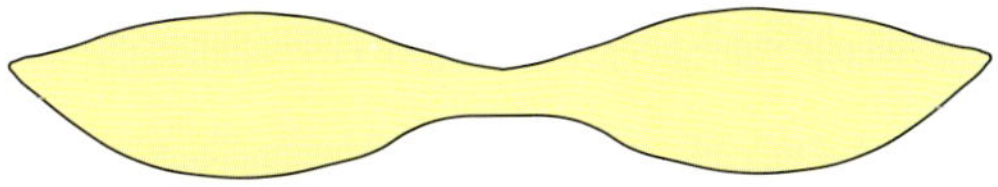

La mela

1. Per fare la mela prendi una palla con un diametro di 8 cm. Incidi la sua superficie dividendola a metà. Poi esegui altre due brevi incisioni ai due poli come hai fatto per la fragola.
2. Scava con il cutter, sempre ai due poli, per ottenere la forma della mela.
3. Rivesti il frutto con il tessuto.

4. Taglia nel tessuto verde la foglia, per due volte, usando il modello riportato in questa pagina. Posiziona, tra le due parti tagliate, un pezzetto di fil di ferro da fiorista, stendi uno strato omogeneo di colla per tessuti, poi unisci i due pezzi per ottenere così un'unica foglia.
5. Per realizzare la mezza mela, devi dividerla tagliandola a metà.
6. Ripeti i punti 1, 2 e 3 per rivestire la superficie esterna.
7. Sulla sezione disegna, per poi inciderli, gli spicchi e il cuore della mela, prestando attenzione a non far coincidere i tagli con quelli superficiali eseguiti in precedenza, e rivesti questa parte con un tessuto bianco, incollando sulle due sezioni del cuore due pezzetti di tessuto nero sagomati a goccia. Incolla un picciolo vero al centro della parte superiore.

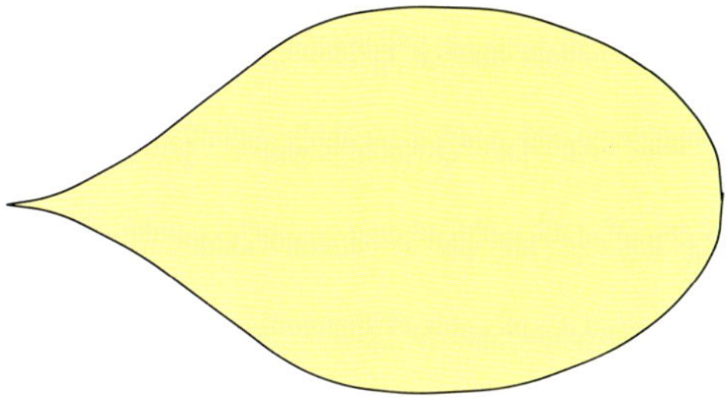

La pera

1. Questo frutto richiede una preparazione più laboriosa, poiché devi scavare il polistirolo di un uovo grande, per ottenere la caratteristica forma allungata della pera. Terminata la preparazione della forma, incidila dividendola in quattro parti.

2. Rivesti con il tessuto che hai scelto.
3. Alle due estremità, dove le linee si incontrano, incolla rispettivamente un chiodo di garofano e un pezzetto di legno. Ricava la foglia come hai già fatto per la frutta precedente.

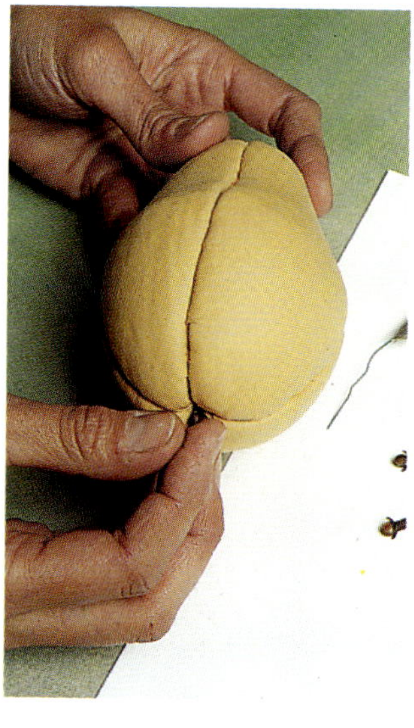

La ghirlanda di frutta

Questa sagoma di polistirolo richiede molta abilità e una scelta accurata dei colori, ma l'effetto finale ti ripagherà della fatica.
Rivesti per prima la frutta e poi tutte le foglie, tendendo bene la stoffa. Qualche piccola grinza è inevitabile, poiché devi utilizzare un solo pezzo di tessuto per ogni singolo frutto, fatta eccezione per la mela, l'uva e la pigna.
A rivestimento ultimato puoi guarnire la decorazione con qualche fiocchetto e incollare sul retro in alto un occhiello di nastro per appenderla.

GLI ANIMALI

Uno zoo variopinto

Ormai dovresti conoscere bene questa tecnica: in commercio puoi trovare moltissime sagome di animali (galli, galline, papere, gatti, cani ecc.) per creare un variopinto zoo personale. Mettiti al lavoro e libera la tua fantasia!

L'orsetto

Questo tenero orsetto terrà compagnia ai vostri bimbi. Ho abbinato un bavaglino a questa versione baby, ma la stessa sagoma può diventare un gradito dono natalizio per chiunque se sostituisci al bavaglino un bel fiocco rosso.

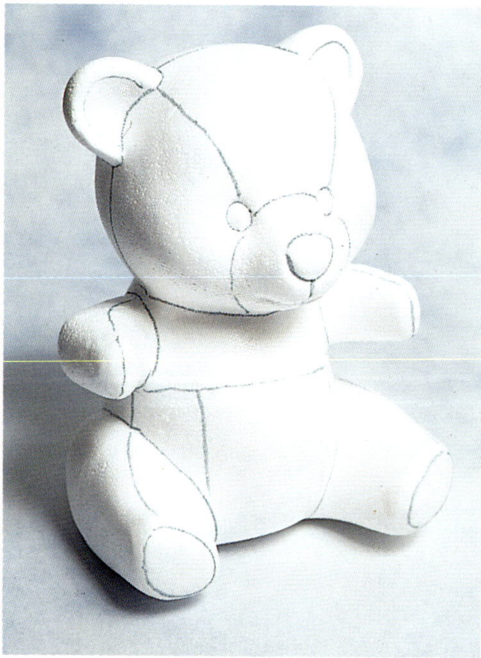

1. Disegna le linee da incidere sulla sagoma con un pennarello.
2. Incidi con il cutter le linee tracciate e rivesti l'orso con un tessuto in tinta unita beige. Questa operazione richiede una certa abilità nel tendere il tessuto, perciò ricordati di posizionarlo sempre in sbieco.
3. Per naso e occhi ho utilizzato panno tipo lenci nero e marrone. La linea della bocca è stata creata con cotone da ricamo incollato con una goccia di colla per tessuti trasparente.
4. Per confezionare il bavaglino utilizza il modello qui sotto. Ritaglialo per due volte nel tessuto. Poni le due parti diritto su diritto e cuci il bordo arrotondato. Rivolta a diritto, stira la cucitura e guarnisci con pizzo. Rifinisci i bordi aperti con una fettuccia di cotone in tinta, lunga quanto basta per annodare il bavaglino.

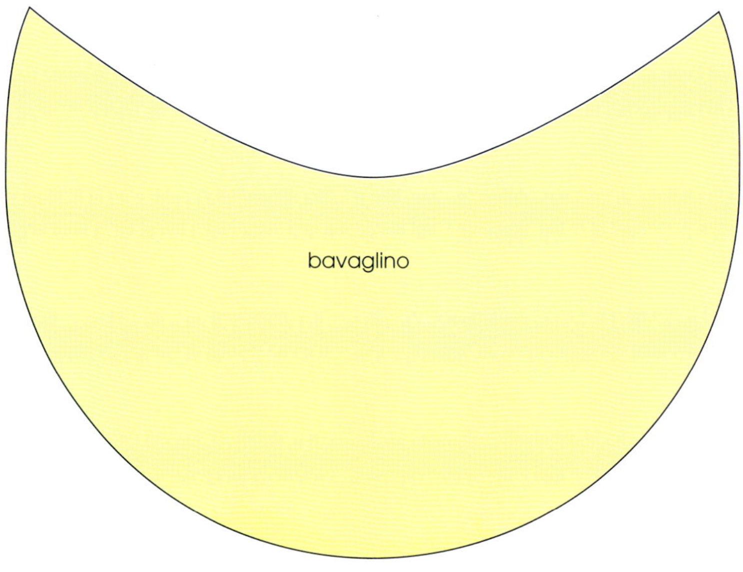

L'orsetto a bassorilievo

L'orsetto a bassorilievo sarà perfetto appeso alle pareti della cameretta dei bambini.

1. Traccia le linee di incisione riferendoti alla fotografia. Procedi nel rivestimento del bassorilievo usando per il corpo dell'orsetto tela di cotone in tinta unita beige e per il vestito una tela a fantasia minuta.

2. Sul retro del bassorilievo fai un'incisione lungo tutta la sua circonferenza per l'inserimento del tessuto posteriormente.

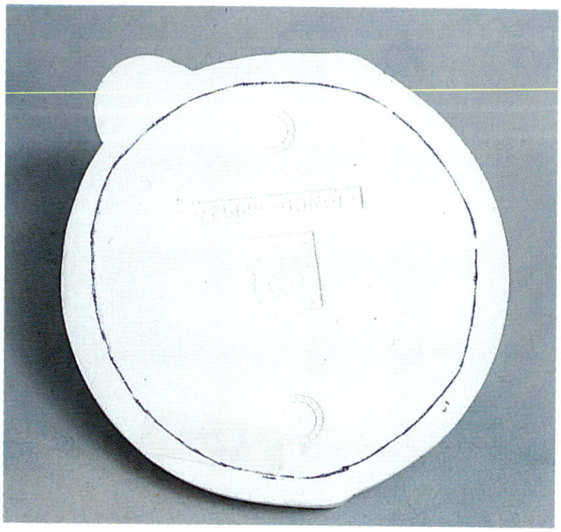

3. Taglia un pezzetto di nastro lungo circa 10 cm, piegalo a metà e incollalo, formando un occhiello sul retro in alto.
4. Decora i bordi della tutina dell'orsetto con qualche pezzo di spighetta zigzag fissata con colla per tessuti.
5. Per rifinire meglio il tuo bassorilievo, procurati del cartone di forma circolare (ideali sono i dischi per torte). Rivesti anche il disco con lo stesso tessuto che hai usato per lo sfondo, incollandolo con spray adesivo. Incolla il disco sul retro del bassorilievo.

La scatola quadrata con i cuori

Questa scatola quadrata si ispira a un disegno Amish caratteristico dei seguaci dell'omonima setta religiosa fondata nel Settecento in America che ancora oggi mantengono invariati i loro usi e costumi, rifiutando qualsiasi elemento di modernità e conducendo una vita rurale, sobria e semplice, fondata sull'osservanza di principi religiosi molto rigidi.

1. Ricalca il disegno su un foglio di carta velina o da lucido. Posiziona la carta sul coperchio e ripassa tutte le linee con una penna a sfera.
2. Sempre con la penna evidenzia i segni rimasti sul polistirolo e incidi con il cutter. Fai molta attenzione sul bordo, tieni la lama obliqua rispetto al coperchio per evitare di inciderlo troppo in profondità e rischiare di romperlo. Se dovesse comunque capitarti questo inconveniente, incolla la parte rotta con colla vinilica e attendi che asciughi per proseguire nel rivestimento.
3. Incidi in verticale l'angolo interno del coperchio, rivesti il bordo e tutto il coperchio esternamente e internamente. Guarda la fotografia per la disposizione dei colori.

4. Per ricoprire il bordino a incastro interno usa una striscia di tessuto in sbieco larga 3 cm.
5. Per rivestire il contenitore incidi in verticale la parte alta del bordo superiore. Inserisci il tessuto tenendolo ben teso. Incidi il fondo esterno della scatola, inserisci il tessuto e taglia l'eccedenza.

La scatola rotonda con i girasoli

Nei negozi specializzati si trovano moltissime scatole in polistirolo di forme diverse, appositamente realizzate per essere rivestite.
La forma rotonda della scatola presentata in queste pagine mi ha suggerito il motivo del fiore di girasole, interpretato con stoffe che riprendono i caldi colori dell'estate.
Allegra e colorata, questa scatola sarà ideale per contenere gli accessori del cucito.

1. Trasferisci il disegno del coperchio come hai fatto per la scatola precedente.
2. Incidi e rivesti il coperchio guardando la fotografia per la disposizione dei colori.
3. Per ricoprire la parte interna del coperchio, suddividila in quattro spicchi.
4. Rivesti il bordino interno con una striscia di tessuto in sbieco larga 3 cm.
5. Per ricoprire le pareti del contenitore ho impiegato un tessuto stampato a girasoli che riprende il motivo del coperchio, ma puoi usare anche un altro tessuto coordinato.

La scatola ovale con galli e galline

Per questa scatola ho scelto un tessuto stampato con gli animali, ma anche un soggetto floreale può essere adatto.

1. Scegli dal tessuto un elemento abbastanza grande da poter essere ricalcato con carta velina, in questo caso il gallo e la gallina.

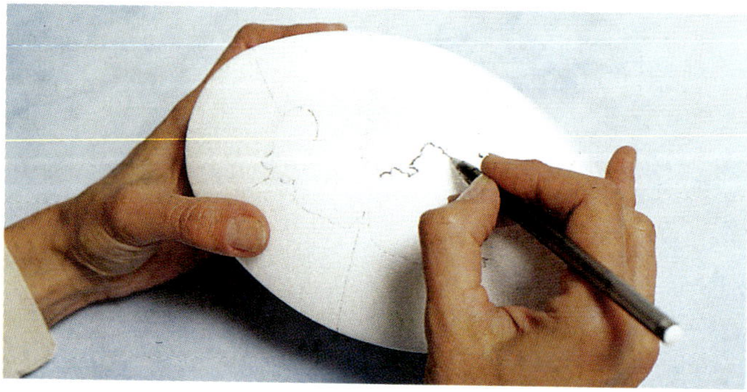

2. Trasferisci il disegno sul coperchio ripassandolo a penna e praticando le incisioni con il cutter.

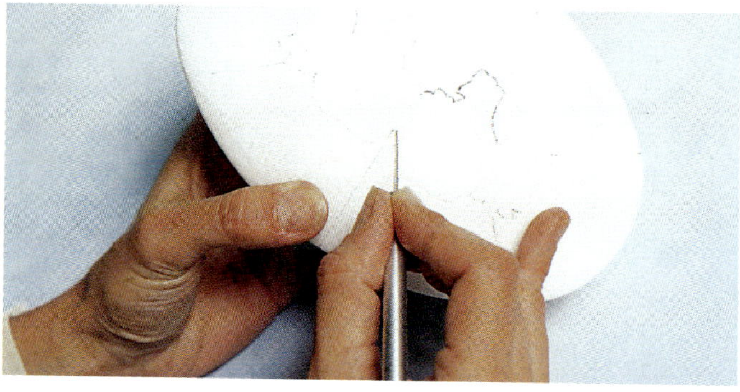

3. Ritaglia dal tessuto l'elemento scelto e inseriscilo nel polistirolo.

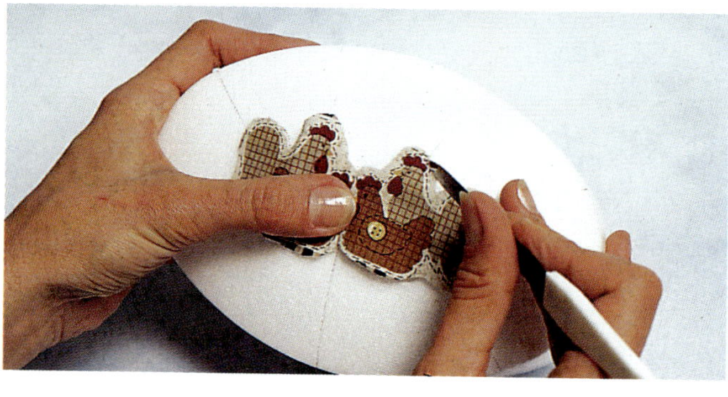

4. Ricopri il resto del coperchio con un tessuto di sfondo che si armonizzi con il motivo usato.

5. Per rivestire il contenitore utilizza un altro tessuto coordinato.

La scatola con le margherite in rilievo

Tre deliziose margherite bianche adagiate su un fondo azzurro decorano il coperchio di questa scatola, rivestita di cotone fantasia blu. Per realizzarla utilizzate una scatola di polistirolo con i fiori in rilievo sul coperchio.

1. Incidi i contorni dei fiori sul coperchio con il cutter e delimita allo stesso modo lo spazio centrale attorno a essi.

2. Per rivestire il bordo del coperchio usa tre strisce di tessuto blu, larghe almeno 7 cm: inserisci dapprima il tessuto nelle incisioni superiori e poi rivoltalo verso l'interno, inserendolo nell'incisione lì praticata, come indicato per le scatole precedenti.

3. Rivesti i fiori con il tessuto bianco e giallo; per il fondo tra i petali, scegli una stoffa azzurra.

4. Incidi il contenitore all'interno, un paio di centimetri sotto il bordo superiore, e sul fondo lungo il perimetro: per rivestirlo usa un'unica striscia di tessuto blu larga 15 cm e lunga qualche centimetro in più della circonferenza della scatola.

5. Per rivestire la parte interna del contenitore e del coperchio segui le istruzioni fornite per le altre scatole.

La cornice decorata

Toni neutri e materiali naturali creano una cornice raffinata.

1. Segna con matita e riga le linee di incisione sulla sagoma di polistirolo.

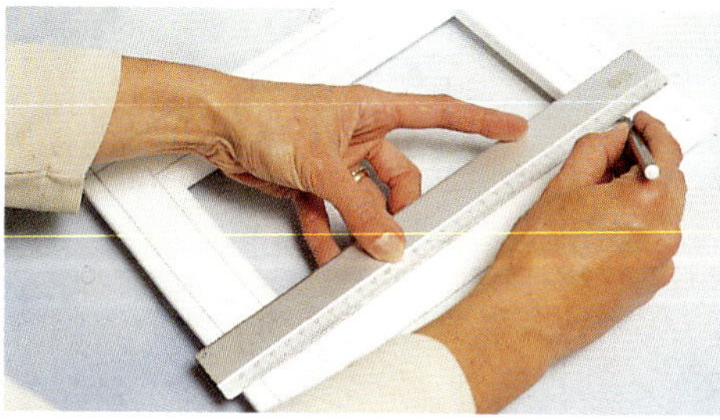

2. Segna e incidi anche il retro della cornice.

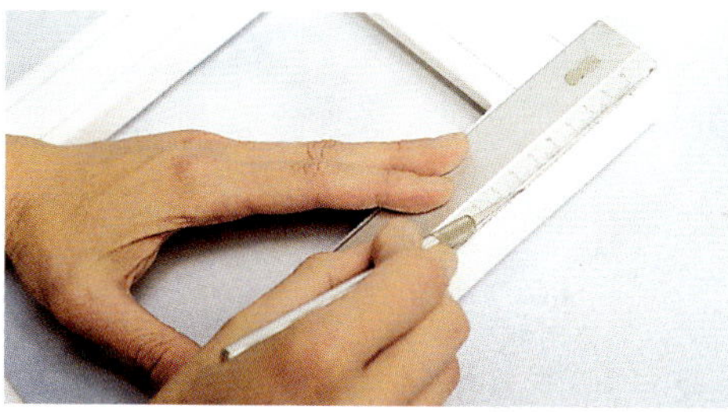

3. Guarda la fotografia di presentazione per la disposizione dei tessuti: la scelta dei colori è soggettiva; cura attentamente i loro accostamenti per un buon risultato finale.
4. Disponi la stoffa, rivoltala sul retro e inseriscila nelle incisioni fatte in precedenza.

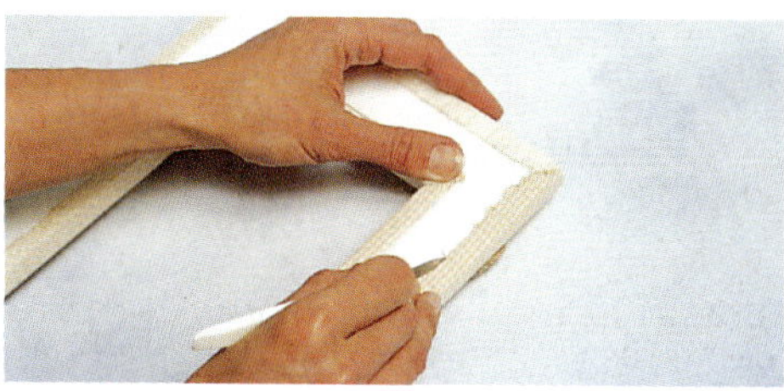

5. Prepara a parte il fondo della tua cornice nel seguente modo:
- ritaglia da un cartoncino rigido un rettangolo che misuri 22 x 31 cm, due listelli di 3 x 31 cm, un listello di 3 x 16 cm e infine un rettangolo che misuri 8 x 25 cm (piedistallo);

- incolla i listelli al cartoncino;

– ritaglia la stoffa lasciando un margine ai lati di 3 cm;
– taglia gli angoli;

– stendi la colla vinilica e rivolta il tessuto ben teso;

– rivesti anche l'altro lato del fondo della cornice;

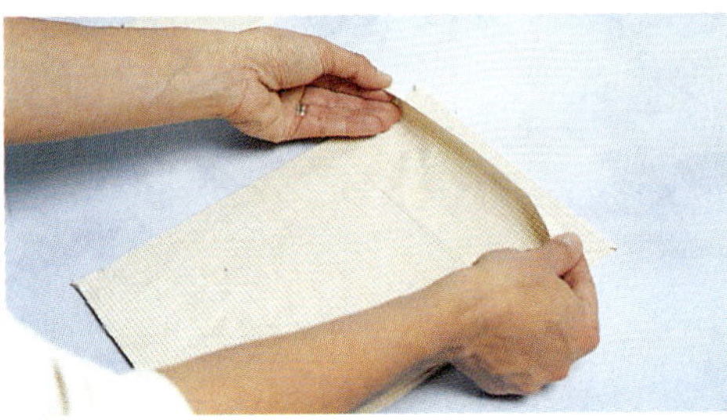

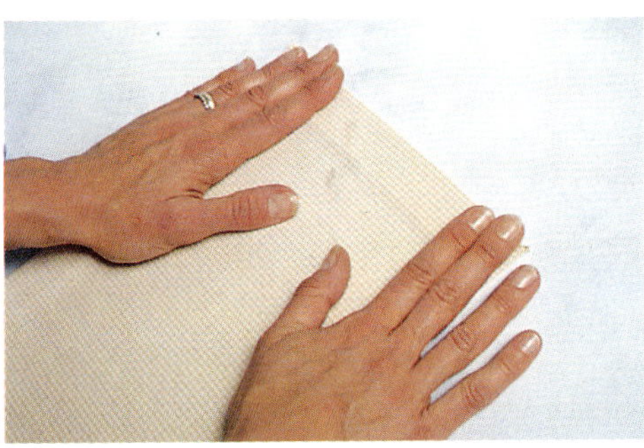

– fora il fondo al centro verso il basso, con una fustellatrice.

6. Per realizzare il piedistallo:
– poni il cartoncino tagliato sul tessuto e ritaglia la giusta misura;
– incolla cartoncino e tessuto;
– con la fustellatrice fora il piedistallo;

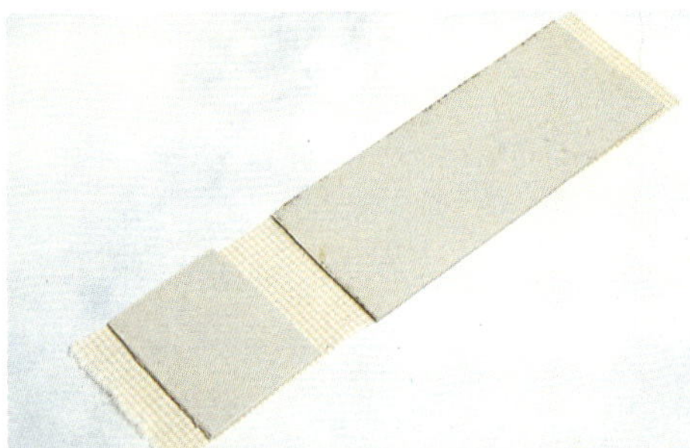

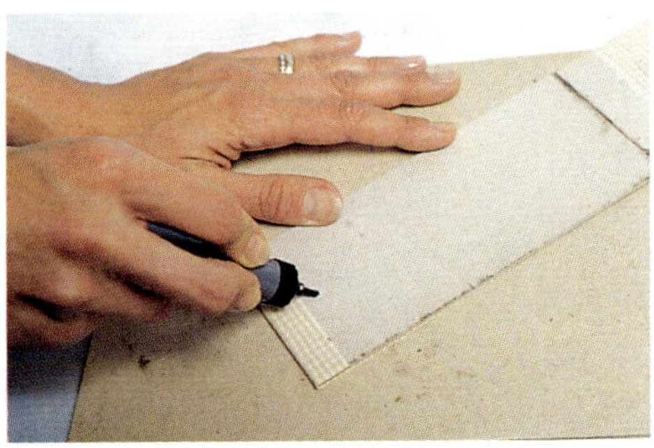

– infila un nastrino lungo 5-6 cm e incollalo sul lato non rivestito;

– rivesti con tessuto anche l'altro lato;

– inserisci al fondo della cornice il nastrino di raso e incollalo con colla spray;

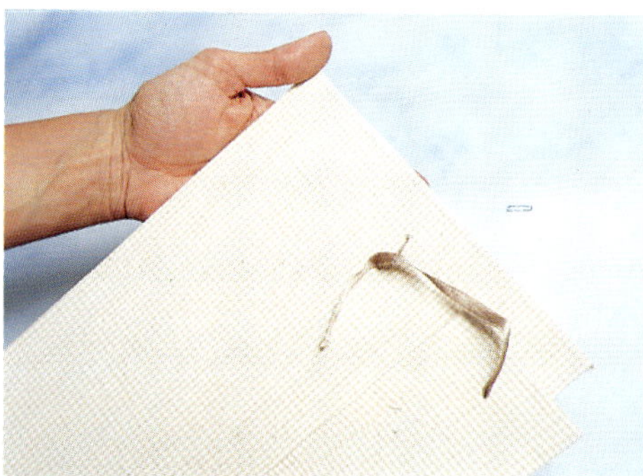

– incolla il piedistallo alla base;
– incolla il fondo e la cornice;

7. Decora la cornice con della corda e qualche bottone. Per fissarli usa una pistola a caldo con colla da tessuti.
La cornice è pronta per incorniciare le tue foto più belle.

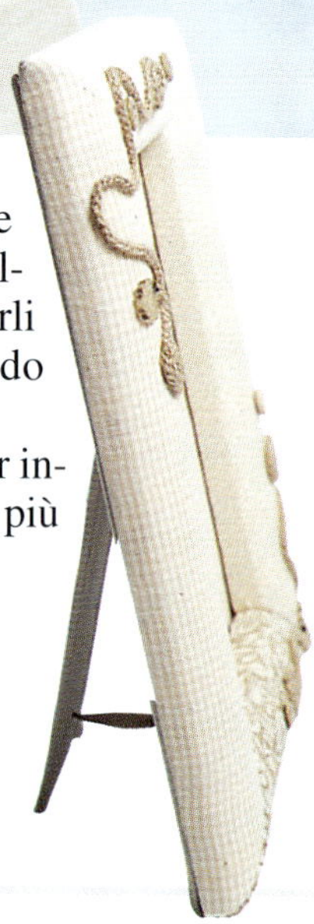

La cornice con i tulipani

Sulle cornici puoi anche disegnare motivi diversi: fiori, fiocchi, piccoli motivi geometrici ecc.

1. Ricalca il disegno sulla cornice come hai fatto per le scatole.

2. Incidi le linee tracciate e rivesti i fiori e la cornice; qualunque sia il tessuto scelto per i fiori, usa un tessuto coordinato per lo sfondo.
3. Segui le istruzioni fornite per la cornice precedente e realizza il fondo e il piedistallo.

La cornice a decorazione geometrica

Delicate nuance di écru e azzurro, tagli obliqui e irregolari caratterizzano questa cornice.

1. Incidi il retro della cornice con tagli longitudinali, come indicato per la cornice decorata (vedi pag. 62).
2. Incidi la superficie della cornice secondo un motivo decorativo geometrico.
3. Rivesti le singole parti, rivoltando sul retro il tessuto in eccedenza e inserendolo nei tagli longitudinali.
4. Per la preparazione del fondo e del piedistallo della cornice segui le istruzioni fornite per la cornice decorata (vedi pagg. 62-64).

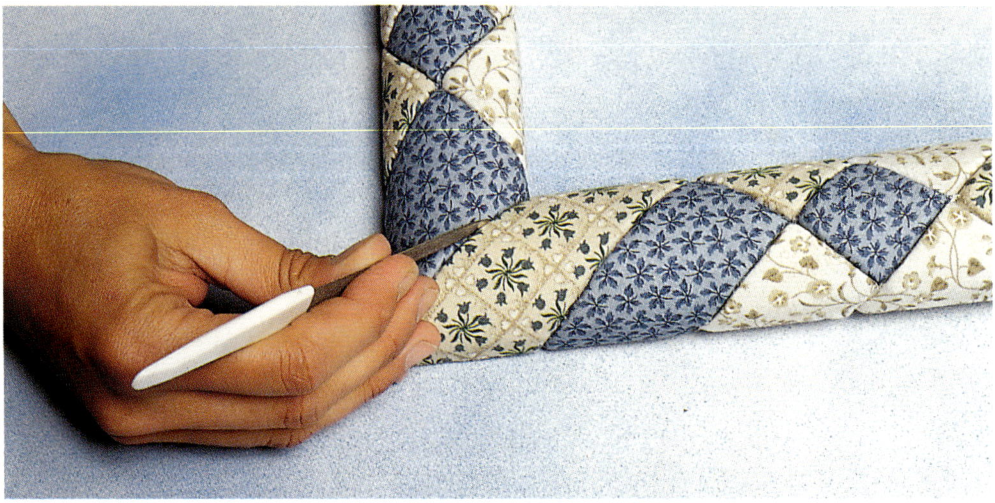

La cornice con le applicazioni indiane

Elegante e raffinata, rivestita con shantung di seta e decorata con medaglioni provenienti dall'India: così si presenta la cornice che qui vi propongo.

1. Incidi la superficie seguendo il profilo della cornice, come mostra la foto.
2. Rivesti il polistirolo con lo shantung, rivoltando sul retro l'eccedenza di tessuto.
3. Prepara quattro pezzi di cordoncino dorato, da collocare sopra le incisioni praticate lungo il profilo della cornice: fissane le estremità nei tagli obliqui ai quattro angoli.
4. Con la colla a caldo fissa medaglioni a tuo piacere sulla cornice.

Il quadretto con l'orsetta

Una piccola lastra di polistirolo, magari recuperata dall'imballaggio di un elettrodomestico, qualche avanzo di tessuto e la tua fantasia ti suggeriranno molti soggetti per creare deliziosi quadretti dedicati ai più piccini. Fotocopia e ingrandisci a piacere il disegno illustrato, ma ricorda anche che puoi trovare materiale inesauribile nei libri per bambini. Le misure del mio quadretto sono: 23 x 30 cm.

1. Riporta il disegno sul polistirolo seguendo le istruzioni date in precedenza per le scatole.

2. Poi comincia il rivestimento, cercando di posizionare in modo armonioso i tessuti prescelti.

3. Terminata questa fase del lavoro, puoi ulteriormente decorare e arricchire la tua creazione con bottoni, nastri e fiorellini, insomma tutto ciò che il tuo gusto e il tuo estro ti suggeriscono.

Il quadretto *Basket*

Un motivo classico della tradizione patchwork: il cestino (*basket*) di fiori.

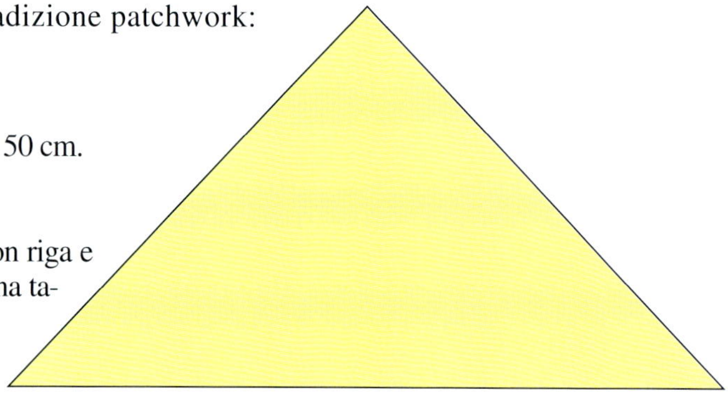

Il riquadro centrale ha il lato di 50 cm.
La cornice è larga 3 cm.

1. Segui lo schema e traccia con riga e matita le linee da incidere su una tavola di polistirolo.
2. Rivesti il cestino con due tessuti quadrettati, beige e azzurro.
3. Rivesti lo sfondo utilizzando un tessuto in tinta unita avorio.
4. Rinforza i lati del quadretto con del cartoncino, come indicato per l'orologio a pag. 24. Rivesti con un tessuto quadrettato in tinta con il resto.
5. Incolla una fettuccia di cotone in tinta tra sfondo e bordo.
6. Disponi il bordo di pizzo e altre guarnizioni a tuo piacere. Ricordati di preservare la tua creazione dalla polvere con una spruzzata di vernice spray.

Quadruplicare la misura del disegno per ottenere le dimensioni del cestino

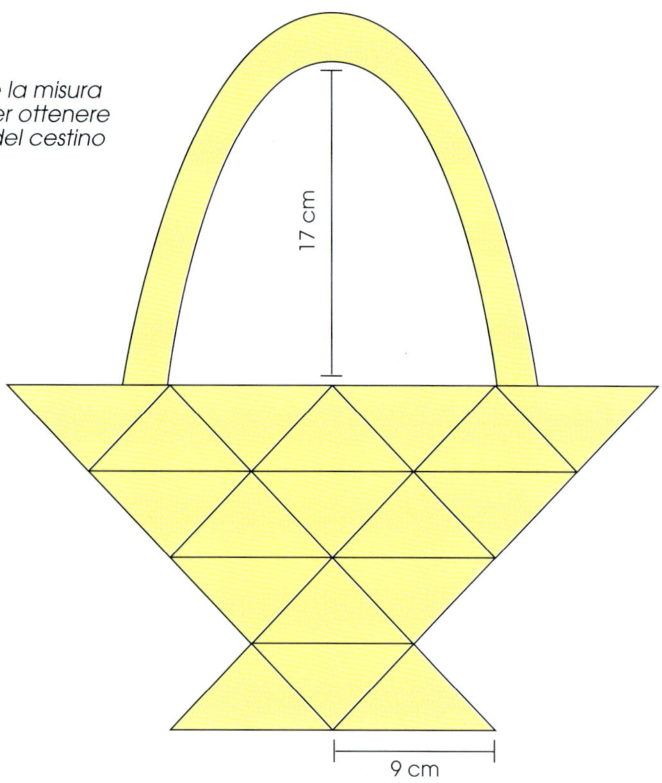

Il quadretto con animali

Con i suoi colori pastello e i disegni naïf, il quadretto è indicato per arredare allegramente la stanza dei più piccoli.

1. Procurati una lastra di polistirolo e ricavane un quadrato con i lati di 48 cm.
2. Con una riga e un pennarello disegna una cornice larga 4 cm: incidi con il cutter le linee tracciate e gli angoli in obliquo.
3. Riproduci il disegno qui fornito sul polistirolo e incidine le linee con il cutter.

4. Per il rivestimento utilizza cotonine tinta unita e stampate, giocando con i colori a tuo piacere.

5. Terminato il rivestimento di base puoi arricchire la tua creazione con spilli a capocchia colorata per occhi e fiori, un nastrino per il fiocco del gatto e un bordo di pizzo per incorniciare il tutto.

Le palline per l'albero

Tecnica a incisione

1. Dividi la palla di polistirolo in otto spicchi verticali e lungo la circonferenza orizzontale. Incidi con il cutter e rivesti la superficie accostando due tessuti coordinati tra loro.
2. Fora la palla, trapassala da parte a parte con il cordoncino e forma l'occhiello per appenderla.
3. Abbellisci la tua decorazione con una nappa lunga e preziosa.

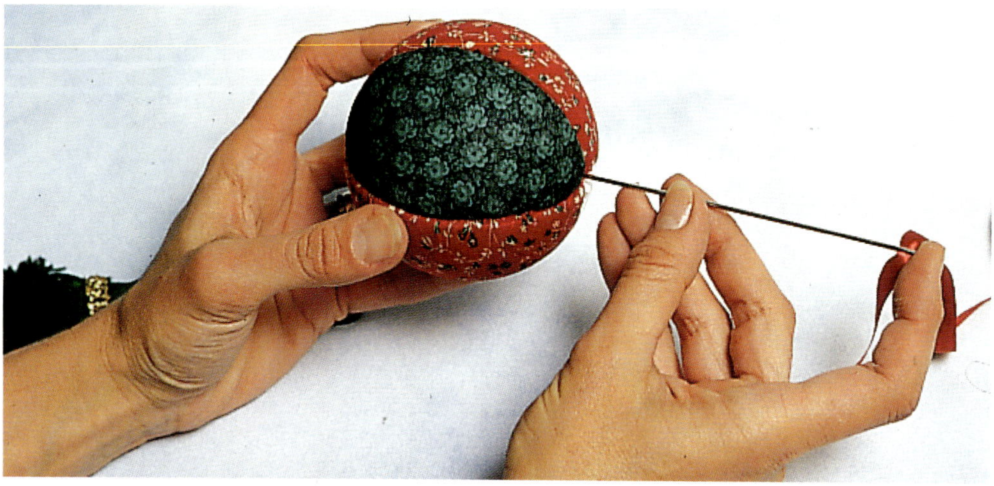

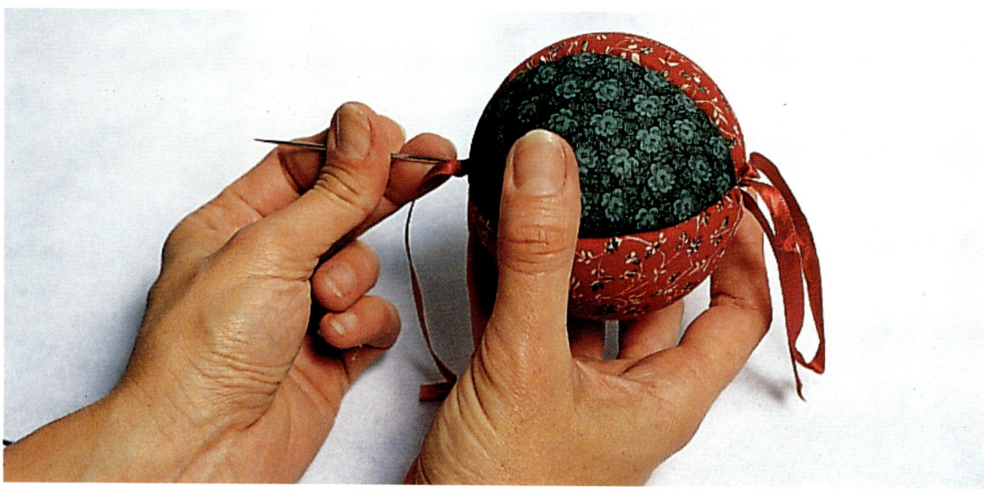

Varianti

Di dimensioni minori, queste palle seguono due schemi di incisione diversi. La più piccola è semplicemente divisa in quattro spicchi e successivamente abbellita con del cordoncino dorato e una piccola nappa.

1. Per rivestire la palla più grande dividila in quattro spicchi verticali; lungo la circonferenza orizzontale individua i punti intermedi e collegali alle linee formando delle V.

2. Ricopri la palla usando tessuti natalizi, nei colori più festosi. Guarnisci con cordoncino dorato e perline fissate con uno spillo.

Tecnica a rilievo

1. Rivesti le palle di polistirolo seguendo la tecnica a rilievo descritta a pag. 12.
2. Utilizza nastri di raso, pizzi e passamanerie per guarnire le tue decorazioni. Per fissare queste guarnizioni usa qualche spillo e colla per tessuti.
3. Fora le palle da parte a parte usando un ago da tappezziere. Inserisci nel foro un cordoncino, che ti servirà sia per appenderle, sia per sostenere una nappa o anche un ricco fiocco.

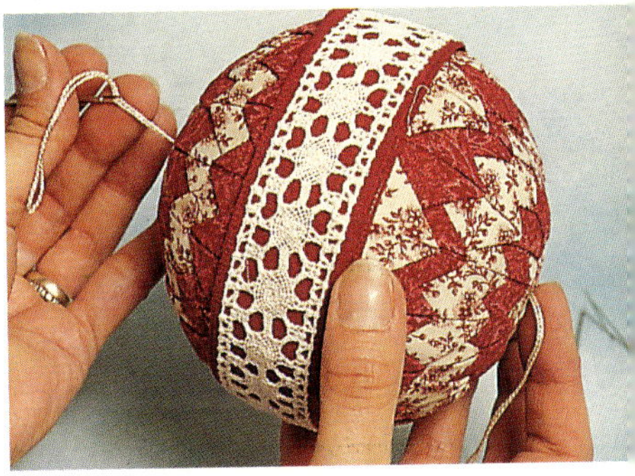

Le stelle

Tra le decorazioni natalizie non possono mancare le stelle. Divertiti a preparare moltissime, giocando con innumerevoli accostamenti di colore.
Presta molta attenzione quando incidi le loro punte, poiché sono molto fragili. Per questo motivo ti consiglio di usare due colori solo su una faccia della stella.

I cuori

Il cuore di polistirolo, come le palle e le stelle, può essere usato come decorazione natalizia. Per questo scopo rivesti tanti cuori, anche di dimensioni diverse, con tessuti a tema, e poi divertiti ad arricchire le sagome con pizzi, perle e passamanerie. Oppure perché non usare tessuti quadrettati, bottoncini di legno e qualche pezzetto di corda per un look country?

La scelta dei materiali è vastissima perché viene suggerita dal gusto personale e dalla creatività individuale; non è perciò possibile elencare tutti gli articoli di merceria adatti a questo tipo di decorazione. Quindi un solo consiglio: lasciate libera tutta la vostra fantasia.

La ghirlanda

Tecnica a incisione

1. Disegna su un foglio di carta due righe perpendicolari tra loro. Fai coincidere il centro della ghirlanda con l'incrocio delle righe. Prolunga le righe tracciando quattro linee sulla ghirlanda; ruotala di 45° e ripeti l'operazione. Avrai così diviso la ghirlanda in otto segmenti.

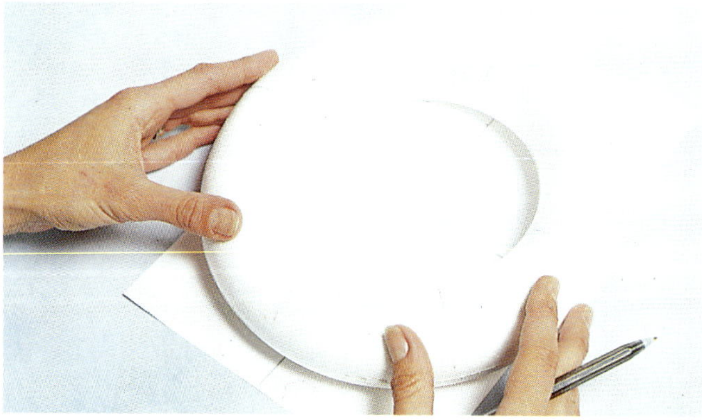

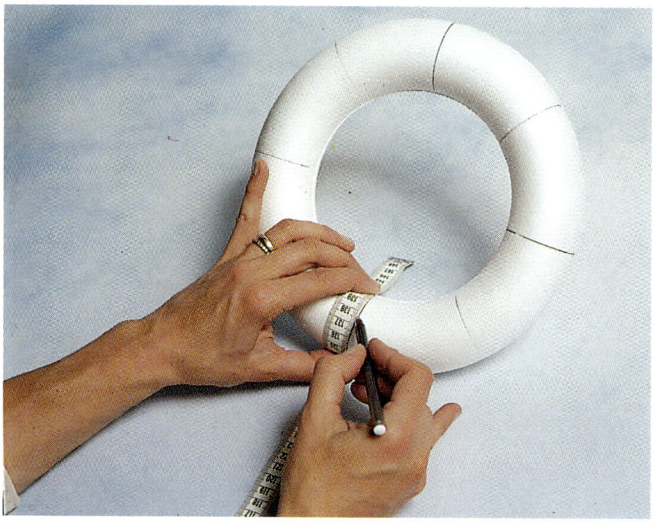

2. Incidi lungo le linee tracciate; ripeti l'operazione per il perimetro interno ed esterno.
3. Rivesti ogni settore alternando i colori.
4. Prepara un fiocco con tanti nastri in tinta con la ghirlanda.
5. Prepara l'occhiello per appenderla e fissa tutto con spilli e colla.

Tecnica a rilievo

1. Disponi i triangoli come mostra la sequenza fotografica fissandoli con gli spilli.

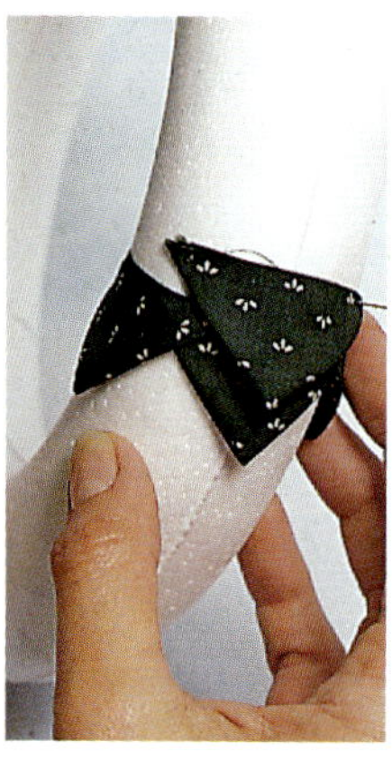

2. Completato il rivestimento, puoi guarnire la ghirlanda a tuo piacere. Prepara alcuni boccioli arrotolando del nastro con anima di filo metallico e qualche fiocchetto di tessuto, di nastro di raso o di pizzo.

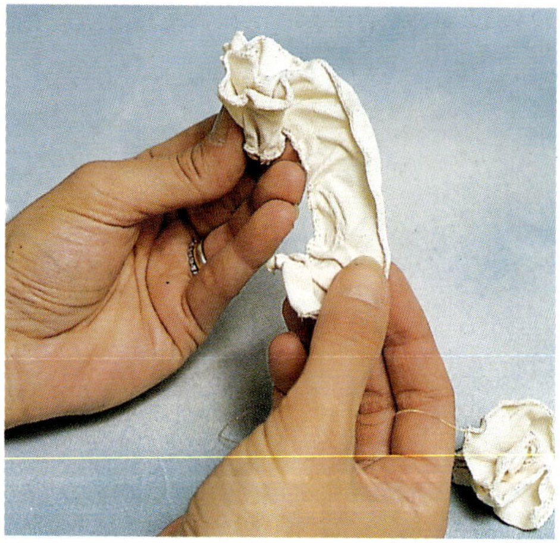

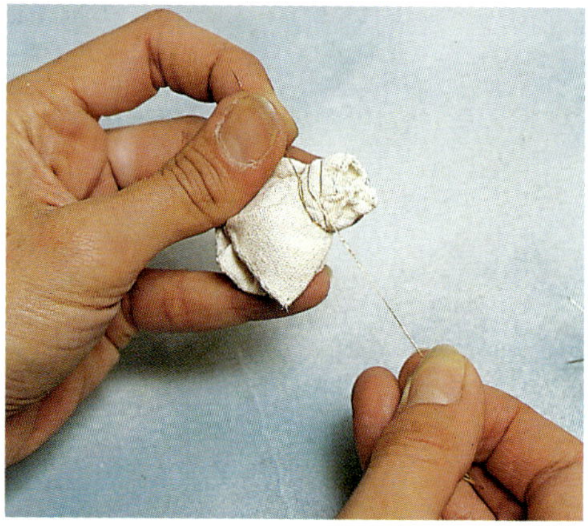

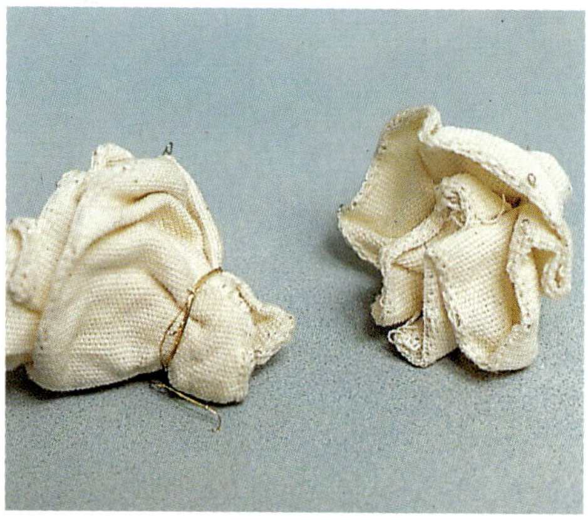

L'albero di Natale

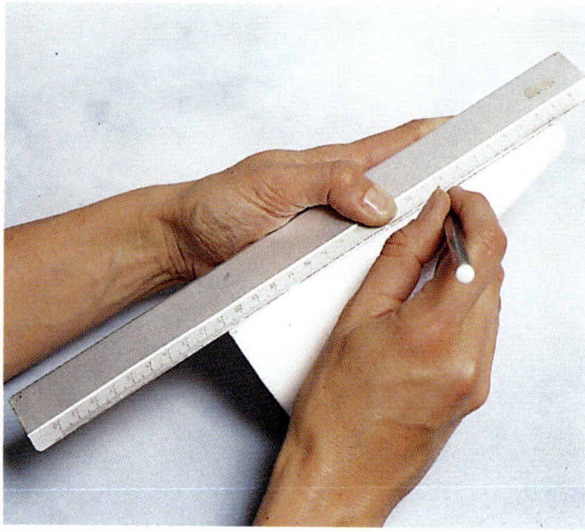

Tecnica a incisione

1. Dividi la superficie del cono di polistirolo tracciando le linee come mostra la sequenza fotografica.
2. Rivesti il cono con tessuti a fantasia natalizia.
3. Guarnisci con perline e fiocchetti fissando tutto con spilli.
4. Dividi a metà una palla di polistirolo e rivestila con del tessuto in tinta.
5. Prepara un vasetto di cotto rivestendolo con cordoncino di raso. Utilizza per questa operazione una pistola a caldo con colla. Comincia a incollare dal bordo superiore del vasetto.
6. Fora sia il cono sia la palla inserita nel vasetto e infila un bastoncino di legno nei buchi per formare l'albero.

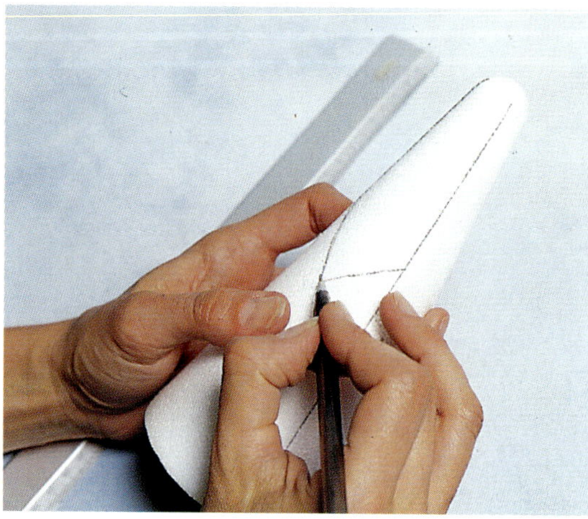

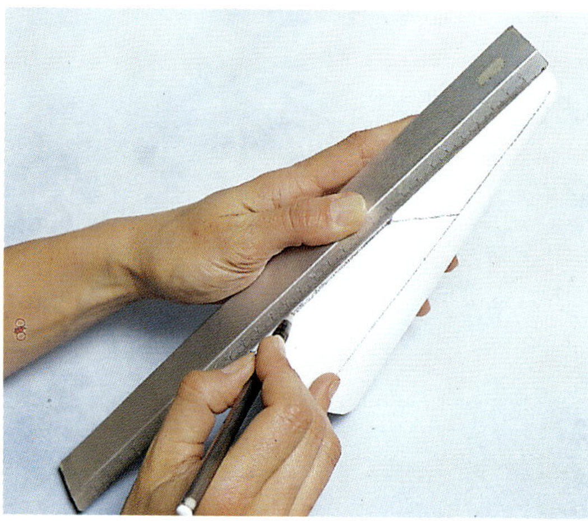

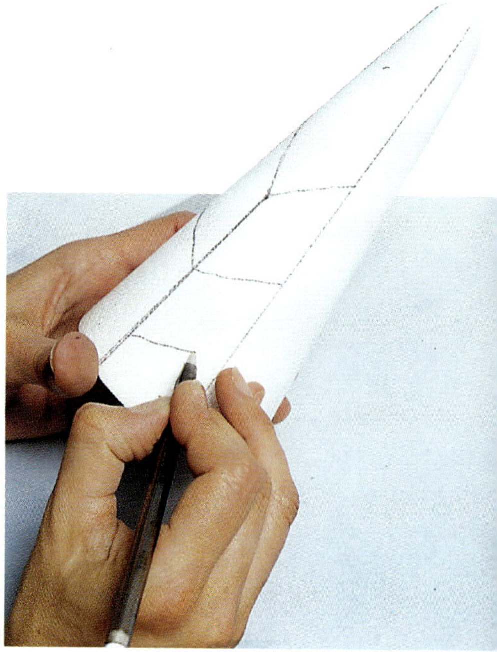

Tecnica a rilievo

1. Utilizza un cono di polistirolo di misura piuttosto grande per creare questa decorazione.
2. Prepara tanti quadratini di tessuto con lato di 6 cm in diverse sfumature di verde. Ripiega ogni quadratino due volte lungo le diagonali. Otterrai triangoli con quattro strati di tessuto.

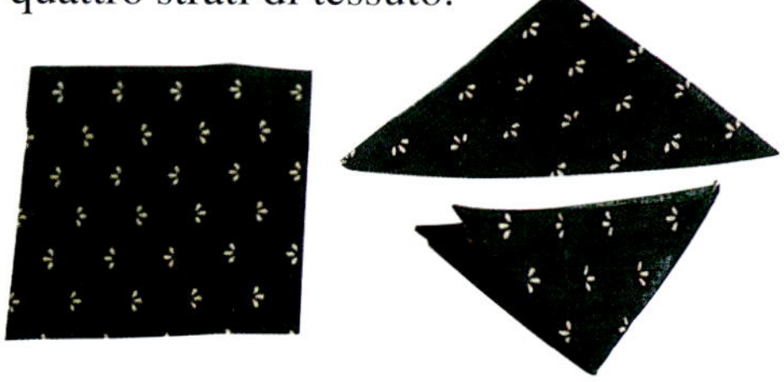

3. Poni il primo triangolino alla base del cono, un po' sporgente da essa, e fissalo con due spilli.
4. Posiziona il secondo triangolino adiacente al primo. Prosegui in questo modo fino a completare il giro.

5. Copri gli spazi lasciati liberi tra i triangolini con altri triangolini alla stessa altezza rispetto alla base del cono.

6. Terminato il primo giro, sovrapponi per metà i triangoli del secondo giro allineandoli a quelli sottostanti.

7. Prosegui in questo modo fino a completare il rivestimento.
8. Decora l'albero con fiocchetti, perle e piccole guarnizioni.

9. Come sostegno usa un bastoncino di legno da infilare in una mezza sfera di polistirolo inserita in un vasetto di terracotta.

La famiglia di orsetti

Divertiti a preparare un'allegra famigliola di orsi, che farà la gioia dei tuoi bambini.

1. Traccia le linee sul polistirolo come mostrano le fotografie, incidile e rivesti gli orsi utilizzando fantasie natalizie a tuo piacere.
2. Ritaglia dal panno gli occhi e i nasi, inserisci e incolla in posizione.

Indice

Finito di stampare
nel mese di gennaio 2000
presso le Grafiche Mazzucchelli S.p.A.
Settimo Milanese (Milano)

per

DVE ITALIA S.p.A.
20124 Milano – Via Vittor Pisani, 16